惊鸿一瞥，生死白头
徐志摩的倾世浪漫

慕成雪◎著

中国华侨出版社

图书在版编目(CIP)数据

惊鸿一瞥,生死白头:徐志摩的倾世浪漫/慕成雪著.—北京:中国华侨出版社,2013.5 (2021.2重印)

ISBN 978-7-5113-3555-5

Ⅰ.①惊⋯　Ⅱ.①慕⋯　Ⅲ.①徐志摩(1896~1931)-传记　Ⅳ.①K825.6

中国版本图书馆CIP数据核字(2013)第089609号

惊鸿一瞥,生死白头:徐志摩的倾世浪漫

著　　者 / 慕成雪
出 版 人 / 方　鸣
责任编辑 / 严晓慧
责任校对 / 孙　丽
经　　销 / 新华书店
开　　本 / 870毫米×1280毫米　1/32　印张/8　字数/240千字
印　　刷 / 三河市嵩川印刷有限公司
版　　次 / 2013年8月第1版　2021年2月第2次印刷
书　　号 / ISBN 978-7-5113-3555-5
定　　价 / 38.00元

中国华侨出版社　北京市朝阳区静安里26号通成达大厦3层　邮编:100028
法律顾问:陈鹰律师事务所
编辑部:(010)64443056　　64443979
发行部:(010)64443051　传真:(010)64439708
网址:www.oveaschin.com
E-mail:oveaschin@sina.com

前 言
PREFACE

还记得那首优美的《再别康桥》吗？西天的云彩，河畔的金柳，波光里的艳影，曾多少次回旋荡漾在我们心头。多少人迷醉在那美景中，缱绻着千万芬芳幽梦。

究竟是谁给我们醉人的风景？究竟是谁创造了这如诗如画的人间轻柔好梦？

是他，徐志摩。一个温柔多情的民国才子。

徐志摩出生于一个遥远的古城小镇——硖石。那里风光秀丽，文化昌盛，经济发达。他出生在小镇的一个富商家庭。富贵之家，却并未滋生纨绔，反而培育出他一身浪漫情怀，化在笔端，凝成柔软的诗画。

今来多少人，由于徐志摩，中国人才知道了剑桥、英国及欧洲的文学及文化，并且几十年来一直视剑桥为现代文学的圣地、学术自由的圣殿。人们相信那里至今仍流漾着19世纪以来英国学术自由的空气，可以洗涤漂净人类最纯粹的性灵，并开启人类最纯粹的理性及思想。

徐志摩如同一扇窗，让东西两方的人窥见了彼此文学艺术领域中的无价之宝。他勇敢地为古老、神秘、传统、封闭的中国带来了最新鲜的气息。这位年轻的诗人，用他澄澈的认知与极度的热情，搭建了中西文化交流的桥梁。他甚至把泰戈尔请到了中国，在中国播下了一颗颗丰润肥沃的种子，直到今日依旧开着缤纷的花朵，饱满灿烂。

人生短短三十六载，诗人徐志摩带给中国人的震撼还不只这些，因为他不仅仅是一位理想的追寻者，还是一位实践者；他惊世骇俗地挑战了中国愚昧的旧社会、放肆率性地追寻人性的自由与自我理想的实践。

他的人生绽放异彩，他的情感亦是凄美绚烂。他用真心演绎世间最悱恻缠绵的爱情。

1915年，由政界风云人物张君劢为自己的妹妹张幼仪提亲，徐志摩把从未谋面的新娘娶进了门。张幼仪端庄善良，具有中国传统的妇女美德，尊重丈夫，孝敬公婆，贤淑稳重，善操持家务。婚后育有二子，相夫教子。

然而，一次偶然，他遇见了今生华丽的缘。在英国游学时，徐志摩结识林徽因。当时徐志摩已是一个两岁孩子的父亲，却被林徽因出众的才华与美丽所吸引，苦苦地追求林徽因，并不惜与发妻张幼仪离婚，决绝地递上了离婚协议书。多少人说他自私，怨他无情。然而这一切，他都安然消受，只为心中那个深深的牵挂。

他对媒妁之言的背叛，成为当时报纸的头条新闻，被称作是中国现代史上第一桩西式离婚；他的离婚宣言发表成文，宣示中国青年追求恋爱自由的新世纪已经到来。

好一个情痴，为了爱，他心甘情愿化成一缕轻云，投射在她的波心。轻柔，又热烈，一见倾心而又理智地各走各的方向。要有多深的爱，才能如此勇敢地放开。

他的最后一次婚姻，娶的是朋友的妻子陆小曼，婚礼上，证婚人给的不是祝词，而是批判。而他一生中一直念念不忘的却又是另一个女人，甚至因为赶赴她的演讲而撞机身亡。一生缠绕在情缘中，他终于在追爱的路上命赴黄泉，留世人声声嗟叹。

他的一生何其短暂，却演绎了一个个惊世传奇。他，以真情泼墨，书写世间最美的诗。终此一生毁誉参半，纵使今时往日对他有种种纷说，然而至今中国人还是喜爱他。这不只是因为他的诗，还因为他在一个古老历史的国度里代表了执着信仰、追求真爱的年轻生命。

一个优雅的诗人，一个多情的才子。在一个旷远的时代，给我们留下了一幅幅唯美的画卷和永恒的信仰。

目　录
CONTENTS

第 1 章 富贵门庭的明珠：初踏尘世

1 翩翩才子落红尘 _2
2 山花烂漫童时音 _8
3 一道弯虹七彩梦 _14
4 聪慧少年书海行 _19

第 2 章 漂流异国他乡人：前程新景

1 锦瑟年华双重喜 _26
2 奔赴旧金山的梦 _31
3 风雨海外独飘零 _38
4 名流相会绽火花 _45

第 3 章 爱如歌般委婉旷世绝恋：

1 倾城绝恋动心弦 _56
2 冰清玉洁胜幽莲 _61
3 欢声含笑解婚结 _65
4 湖心碧波轻舟漾 _72

第4章 轻薄的愁云：剑桥流年

1 一缕悠然康桥梦 _80
2 泪染韶华诗者情 _86
3 痛失祖母心如绞 _92
4 人间画境西湖游 _97

第5章 诗意人生如画境：文坛舞墨

1 他如夏花般绚烂 _104
2 无言轻轻话离别 _110
3 仙人石上听夜鸦 _116
4 西风潇潇凋落叶 _122

第6章 浓情蜜意醉人心：情深炙恋

1 寻找哈代的诗韵 _128
2 重晤罗素醉光阴 _136
3 漫漫柔情动心扉 _141
4 一抹浓情相思泪 _146

第7章 升华的灵魂：文坛新秀

1 苦心终得美人归 _154
2 报刊阵地谱华章 _160
3 笔杆墨字惹纷争 _165
4 新月诗派拓荒者 _170

第 8 章 迷惘的才子：隔世隐者

1　神仙宫阙空幻觉　_178

2　秋雨迷惘情幻灭　_183

3　新月复燃缥缈梦　_188

4　诗情艺心办美展　_193

第 9 章 一个灵魂的诗者：至美诗韵

1　灵魂深处自深探　_200

2　梦染康桥环球旅　_205

3　绿色梦想心所向　_211

4　柔情多感化诗灵　_215

第 10 章 轻轻的我走了：诗路尘雨

1　情思未了路难归　_222

2　满天繁星不见君　_229

3　朋友眼中的诗者　_236

4　一片诗心化清风　_242

第1章 初踏尘世：
富贵门庭的明珠

1. 翩翩才子落红尘

生命本身是一种华丽的缘分，我们有幸迎来了一位才子的降临。

初落尘世，他就开始了一生的诗与梦的追寻。一生爱恨情仇，一生书香墨雨，汇成一片片如画诗情。浓得化成忧，淡得惹出愁。

我们追不回逝去的流芳华年，只能在一段段诗句里，一遭遭往事里循着他平生踪影，一点一滴零碎地牵扯起那些生命里不曾出现，那些时代遥远的记忆。

故事缘起于正德年间的江西海宁，徐松亭在硖石经商，为硖石徐氏分支之始祖。

硖石小镇，富裕的徐家门庭，这便是徐志摩生命最开始的地方。硖河从山中流淌而过，山上有宝塔、亭榭、楼阁，云树环合。山下民家，溪水环绕。青山如黛，绿水长流，风景秀美，好一片隔

第1章
初踏尘世:富贵门庭的明珠

世美景。

相传,当年乾隆皇帝六次巡视江南就有四次驻跸硖石,忘情于硖石的山山水水。甚得天子青睐,其风光秀美自然可想而知。

当时,随着家业的不断兴旺、发达,徐家已成了硖石一带的首富。徐申如先生也因此曾任硖石商会会长,在沪杭两地有相当的名气。

时光绪二十三年(公元1897),新年将至,瑞雪纷飞。就在公历1月15日这一天,徐申如先生喜得一子。喜上加喜,父亲为儿子取名章垿,初字槱森,小名又申。又申自出生之日起,就在父母祖辈仆人的包围中过着锦衣玉食、养尊处优的日子。

也就是从那一刻开始,一段传奇开启,所有繁华都成为了他生命的底影,为一个个传奇的故事拉下序幕。

恰如南方繁华喧闹的古旧城墙,忽听春山冬水之中倏忽而来的惊雷一声,徐志摩的出现不得不让人刮目。

这里青山如黛漫卷云天,绿水城郭一片清新明朗。清风绿柳,鱼米之乡、丝绸之府、才子之地、文化之邦。

温山软水,自生华彩。徐志摩生于此地,自然凝结山水精华。

一个尊贵的少爷,生于最美的地方,优雅和浪漫仿佛是他命定的轨迹。

年华辗转,四季轮回,转眼间又申已周岁。这日,徐家大宅热闹非凡,亲朋好友,乡里乡亲们都来为又申庆贺满岁之喜。

正当身穿百家衣、颈间挂着长命锁的又申,在放满笔墨纸砚等各种玩意儿的大木盘中胡乱抓摸之时，突然闯进来一个叫志恢的和尚，称自己能卜卦算命，预测未来。只见他在又申头上抚摸了一下说："此子系麒麟再生，将来必成大器。"

一语出，说到了徐家人的心坎里。仿佛点中宿命，为此，在1918年又申赴美留学前夕，其父申如先生为其改名为徐志摩。也或许由此，转启了志摩一生非凡的人生。

不管怎样，徐志摩的问世，意味着徐申如及徐申如的家业有了后继之人，中国现代文坛也因此有了新月诗派，中国文坛有了一位才华横溢的浪漫诗人。

志摩成了徐家至宝，加之他自幼聪颖活泼可爱，全家上上下下都非常宠爱他。

年幼的诗人生得聪明乖巧，他调皮，喜欢问问题，喜欢玩游戏，喜欢听故事。在日光的环绕和岁月的亲吻里缓缓地奔向未知前路。

志摩有一位守护神，那就是他的老祖母，他是家中最年长的人，也是一家之尊。她是一位旧式持家女子，勤劳、温和且精明能干。孙子又申的衣食冷暖全在她的心坎上，只要是又申稍有些身热咳嗽，她就会整夜睡不安稳，祖母慈祥的爱使得他的童年充满了温暖和快乐。

祖母疼爱志摩，志摩和祖母也格外亲近，有时候一大早起床，徐志摩总要先到祖母的床前请安，揭开帐子甜甜地叫一声"奶奶"。祖母也总是会慈祥地回应一声，并依恋地抚摸着志摩的小脸，又疼

第1章
初踏尘世：富贵门庭的明珠

惜地将志摩抱在怀里，给他拿出他爱吃的蜜枣或是状元糕。

这些细碎的往事随着流年散落，徐徐地沉淀在志摩的记忆里。每当他回忆起来，心中格外温暖。

1923年秋，祖母撒手人寰，永远地离开了尘世，至爱的离去化作了志摩心中的至痛，天人之隔，也深深地割痛了志摩的心。26岁的徐志摩深情地写下了万字长文《我的祖母之死》，恣肆地回忆着那些阳光和煦昏睡着的午后，和那些模糊在泪雨中欢愉的记忆。

早上走到祖母的床前，揭开帐子叫一声软和的奶奶，她也回叫我一声，伸手到里床去摸给我一个蜜枣或三片状元糕，我又叫了一声奶奶，出去玩了，那是如何可爱的辰光，如何可爱的天真。

她爱我宠我的深情，更不是文字所能描写；她那深厚的慈荫，真是无所不包，无所不蔽。……

祖母对志摩百般宠爱，父亲徐申如和母亲钱氏自然也视志摩为掌上明珠。他是一家的焦点，也是这一家族未来的希望。

母亲是一个温柔娴雅之人，她温厚的性情，还有那仁慈宽容的胸怀，都对志摩的成长产生了很深的影响。除了血脉的传承，更有性格的塑造。

父亲的爱，广博而深沉。他不仅提供给了志摩丰厚的物质生活条件和环境，给了志摩无私、宽广的爱和呵护；更重要的是，父亲的言传身教告诉了志摩一个男人应要承担的责任，要有一种与责任俱来的为事业奋斗的精神。

除了至亲之外，家中最吸引志摩的是一位老仆人——家麟，他善良朴实、可敬可亲，他的心里装满了老故事，神秘、传奇而古香幽幽。

远处的高楼上，悠扬的笙歌还在袅袅诉说时代的遐思，残云过处，隐约的是老辈人疲累的过往人生。当时光老去，烟烬沉落，岁月氤氲出温软的老香。对于志摩来说，家麟本身，就是一个神秘的老故事。

夏的夜幕初上，志摩常常手持家麟雕的西瓜灯，抬头仰望繁星点点的夜空，听他讲那些充满滋味的老故事。享受那寂静悠远的夜晚。家麟死后，志摩还以他为模特儿写了一篇小说《家麟》，可见志摩对家麟感情深厚。

江山依旧，云树无边，岁月轻声低唱一阕悠悠童歌。清唱辄止，满庭尽是月季的香气，渗在志摩童年的光景里。

志摩对变化万千的大自然有着深厚的兴趣，他认为读书更要读自然，并常常忘我地流连于那些迷人的风景。

花儿迎风摇动，花露晶莹翻滚，天空星光烁烁，知了大合奏……这些情景触动着他。一颗柔软敏感的心，敏锐地感受无限的自然美。

他常常一个人蹲在地上看小虫打架，看蚂蚁搬家，总是不觉得累。他喜欢小猫小狗等各种小动物，他还常常给小动物们讲故事……

不管别人怎样看待，他独自享受其中，体会着生命最真实的

第1章
初踏尘世:富贵门庭的明珠

感动。

他说:"我生平最纯粹可贵的教育是得之于自然界,田野,森林,山谷,湖,草地,是我的课室;云彩的变幻,晚霞的绚烂,星月的隐现,田野的麦浪是我的功课;瀑吼,松涛,鸟语,雷声是我的老师,我的官觉是他们忠谨的学生,受教的弟子。"

春花秋月,时光易转,光阴幽静地凝成一出无声无色的默片,没有剧本,不必排练。整整6年的时间,徐志摩一边玩耍,一边在家里当受宠溺的少爷,一边过着单调刻板、枯燥乏味而严苛充实的家塾生活。

那时风雨依旧柔和,光年里充斥着成长的痕迹,温软、轻浅。故事烂漫地悄然滋长,等待生命洗礼的,都是未知。

2 山花烂漫童时音

就像沐雨的阳光,小志摩在轮转的光阴里咀嚼着那些纯粹而天真的童年。那是一段唯美的时光,就像一块镶在汉白玉上的晶莹璀璨的玛瑙,在静谧的光阴里折射着沉淀在岁月里的点点滴滴。

孩提时代的志摩,在亲人们的宠溺中养成了调皮而可爱的习性。

徐家世代经商。志摩出生时,徐家在镇上已有丝行、酱园、钱庄等,并创办了硖石电灯厂。徐家大宅前临街市,有门厅堂楼四进,据说建于清嘉道年间。父亲对志摩可谓爱如至宝,"他为了他的爱子,除了不曾捉天上的月亮以外,什么事情没有做?"在生活中,志摩是锦衣玉食的少爷,可以顽皮,可以任性,然而在教育中,志摩却要遵循严厉的制度章法,比同龄孩子要付出更多的努力去学习、去操练。

第1章
初踏尘世:富贵门庭的明珠

荏苒的光阴蛀蚀着淡淡的流年,记忆的光影凌乱地砸在童年的心湖,漾起一层层细碎的涟漪。

在父亲身上,小志摩学到了作为一个男人应该担当的责任,懂得了生命里的光环,都是由汗水氤氲而成。父亲的笔墨纸砚,也给了志摩最初的启迪。那些在梦里萦绕的墨香,牵引着志摩幼小的心灵,在最初的懵懂里,燃起了希冀的烛火。

乌飞兔走,岁月如梭,转眼间志摩已经4岁。为了让爱子学到更多知识,更好地继承自己的家业,父亲徐申如急切地送他进了家塾。志摩的学海生涯从此开启。

志摩的启蒙老师叫作孙荫轩,作为一名晚清秀才,他所教授的内容,也无非是传统的"之乎者也"式的启蒙教育。

暖暖的晨曦透过暗黄的窗纸,懒懒地落在地板上,脚步过处,会有细小的尘埃起舞翩跹。

每天,小志摩被要求要像老师那样摇头晃脑并拉长声音去习读古文。虽然小志摩调皮,时常在课堂上走神、发呆,甚至撺掇同学说话、玩游戏,但一看到先生严厉的目光与掂在手中的戒尺,就吓得赶紧认真读书了。

一年后,私塾里换了塾师,由查桐荪(即查桐轸)继续教授。查先生是晚清的一位贡生,有着很深的古文造诣。虽然查家是海宁有名的书香世家,查先生却是位脾气古怪的人。他满腹经纶,而且精通医术,然而在生活上却是一位难以言喻的邋遢先生。

长大后的志摩曾这样回忆,查先生刚出生时,父母怕孩子受凉就没给他洗澡。此后几十年间直到去世,查先生没洗过一次澡。平时既不刷牙,又不洗头,连擦把脸也是难得的。他又爱抽烟,一张嘴,满口黑牙就露出来了,一阵阵恶臭扑面而来。

以后整整六年的私塾生活,小志摩就和这位怪人过着枯燥、呆板的学习生活。徐志摩曾这样自我检讨过,查先生明明是"因懒而散漫",别人却"美其称曰落拓"。他想不通,"余父母皆勤而能励,儿子何以懒散若是?"他最终得出的结论是:"岂查桐荪先生遗教邪?"(莫不是受了查先生的影响?)

乖巧可爱的小志摩,还是颇受老师喜爱的,而且成绩也不错,孙先生曾谓之"初学聪明超侪辈"。在这长达七年的私塾生活中,志摩每天都要面对单调而枯燥的古文学习。老师的古板严厉,更加深了课堂的枯燥乏味。那些摇头晃脑读诗文的日子,印着夕阳的余晖,成了一纸残破的黄卷。

迟迟钟鼓初长夜,耿耿星河欲曙天,学习上的煎熬,没有难倒坚强的小志摩。也恰恰是这些古文古字,为志摩打下了扎实的国文基础,也是他后来诗歌创作生涯不可或缺的一部分。

光阴的纸伞不经意间撞响岁月的风铃,江南水乡的软梦,满溢着甜美的童音。那一船星辉,是童稚唱成的传说。志摩的童年,是书香与墨香缭绕的城堡,更是趣事与快乐交织的天堂。

再坚实的书屋,也关不住志摩天真好动充满幻想的童心。花花绿绿的七彩世界,无时无刻不在诱惑着他。志摩不仅在学习上有天分,在玩耍上更是活泼好动,天马行空。

第1章
初踏尘世：富贵门庭的明珠

他醉心于与伙伴的玩耍，喜欢熙来攘往的热闹场所。东山与西山的寺庙，西寺前面的广场，或是亭台院落，都是志摩与伙伴们的乐园。乡间艺人的杂耍，奇妙百出的戏法，轻佻貌美的花旦，招揽生意的摆渡老翁，那些繁忙的世人身影，都深深地印在了志摩心底，那叫卖声，歌唱声，吆喝声，一切的一切，仿佛都在呼唤着他对生活的启迪与热爱。

小志摩喜爱吃菱，他经常趴在自家临河的窗口，一双精灵闪烁的大眼睛紧紧盯着河中来往穿梭的船只，只要听到"开锅热老菱"的叫卖声，他就赶紧向家人要了铜板放在篮子里吊到船上去，然后再将装好菱角的篮子提上来，香甜粉嫩的热菱，成了志摩童年里满溢趣味的美食。

他爱那纯净的自然，看白云在蓝天上飞翔，绿树在水岸环合。清澈的眼神，浅印清澈的记忆，那一幅透明的记忆，书写着永恒的透明的纯真。

睿智的小志摩，喜欢把从家麟老仆那里听来的故事讲给小伙伴们。或是让人热血沸腾的《岳飞传》，或是感人泪下的《牛郎织女》，抑或是一些牛鬼蛇神的民间传说。

小伙伴们将他围成一圈，钦佩地仰望着这个唾沫横飞的小神童，眨着眼睛认真地聆听着。孩子们听得如此入迷，当夜幕在不觉中降临时，小伙伴才惊觉时间的飞逝。只是想着志摩那些关于鬼神的故事，却又吓得不敢回家了。

清浅的流水，映着新月的软梦。无忧无虑的童年是志摩记忆里闪烁的明珠,多少欢声笑语,沉淀了醉人的怀想。

貌似胆大的志摩,也有他害怕的时候。温柔的母亲疼爱他,因为怕他着凉,所以冬天从不给他洗澡。直到温暖的春夏,才在小脚桶里倒上滚烫的热水,然后将小志摩强行捉住,泡到水中。因为水温过高,志摩总是烫得嗷嗷大叫。每次洗澡,都是他最难熬的时候,所以一听说要洗澡,总是吓得满院子乱跑。

那些和煦温暖的阳光,随着志摩赤裸的小脚丫跑碎了一地。

许是童年的记忆过于深刻,长大的志摩,依旧不喜欢洗澡,虽然没有了童年时母亲的威逼利诱,但那种刻在心底的对洗澡的厌倦,甚至恐惧,却是无法磨灭的。长大后的志摩依然不喜欢洗澡,连游泳也没有学会。

那些沉淀在童年里的情愫,深深地在志摩的心里扎了根,并一路生长开来,最终绽放成一枝妖异的花。

除了洗澡,志摩最怕的就是剃头了。那明晃晃的剃头刀,让小志摩有一种错觉,仿佛它会突然划破他的头皮或者割破他的喉咙。但无论怎样惧怕,最终也逃不过父母的"追捕"。

母亲将他牢牢地按住,父亲则一手按住他的头,一手在他的头顶拿着剃头刀挥舞开来。听着头顶咔嚓咔嚓的声音,看着自己的头发簌簌落地,志摩吓得大喊大叫,拼命地摇晃着小小的身子和大大的头。这时父母亲就会按得更牢,并不停地威胁他,再乱动就把耳朵割掉啦!

胆战心惊的小志摩总是在恐惧与厌恶中理好头发。关于剃头

第1章
初踏尘世：富贵门庭的明珠

的记忆，也都被描上了一层恐怖的黑雾，就算长大后的志摩，谈起童年时代剃头的往事，依然心有余悸。

徐申如喜欢广结良友。虽是商业世家，在文化修养上，比之书香门第，有过之而无不及。徐父喜欢与文人墨客为友，每每客人造访，徐父也喜欢让宝贝儿子出来见客，或是考考诗文答对，或是写写古文字帖。

小志摩总是表现得温文尔雅，彬彬有礼，这也让徐父颇为骄傲。在不知不觉中，志摩的文墨气息逐渐增浓，在文化教养上深受父亲的熏陶。小小的他乖巧懂事，不仅传承了母亲的善良与真挚，同时也领会了父亲的文雅与风度。

青山碧水间，孕育着中国诗坛上的一颗明珠。良好的生活环境与文化氛围，让志摩从小受到了良好的教育。天资聪慧的志摩，明白父亲对他殷切的期望。那些陈列在记忆里的泛黄照片，珍藏了一段纯净唯美的童年，一颗纯净透明的童心。

3 一道弯虹七彩梦

山长水阔,儿时的记忆是一弯浅浅的虹,那些冗长的岁月里岑寂着无数喧嚣的尘土与蝉鸣,沥干春雨,幻化闷热的酷暑,折尽秋风,扯一尺素裹寒冬。

志摩在江南水乡的柔和秀美中渐渐成长,大自然之钟灵,给予了志摩无与伦比的灵感与诗情画意。那山,那水,那林间淙淙溪水,枝上啁啾鸟鸣,唯美的大自然赐予了志摩诗一样的灵魂与气魄。

志摩在大自然中凝望着,聆听着,陶冶着,所有诗一样的情愫在他的心魂里徜徉。

爬满苔痕的青石古路,刻满岁月纹路的幽深小巷,远方古寺的钟鸣,亘古恬静的落日,甚至是市井的嘈杂,红尘的喧嚣,一切入志摩之眼,皆是无与伦比的风景。

第1章
初踏尘世：富贵门庭的明珠

志摩心中的，有着人世间最美好的情感，浪漫，温暖，如同一块未经雕琢的天然美玉，温存凝香，因而即使在那个战火纷飞的年代，他依然看到的是美好的人间四月天，是充满着浪漫与美好的凡尘仙境。

塾前是一个方形铺石的"天井"，那里有石砌的金鱼潭，有杂生的花草，加上几盆应时的鲜花，就构成了志摩童年时代的"大花园"。

每每酷暑来临，志摩总是和小伙伴们在夏日的午后祈祷暴雨的来临。当雷声轰隆，大雨滂沱时，志摩就可以暂时告别读书写字的困扰，全神贯注于对大雨的凝视与倾听中。甚至他会盼望天从此再不要晴朗，雷电从此再不要休止，让大雨一直淹没台阶，淹没教室，那样他们就可以永远摆脱读书的烦恼了。

雨过天晴时，总会有一抹绚丽的彩虹绽放在东边的天空，四周浮游着被暴雨洗涤过的清甜空气，所有酷暑里的燥热都一扫而空。那是小志摩最开心的时候，无忧无虑的美好时光，在那夏日的暴雨后开始肆意地疯长。

春夏秋冬周而复始，日子一如既往。当历史的指针转到1905年9月2日，中国传承了上千年的教育制度出现了转折。这一天，袁世凯、张之洞向清政府奏请立停科举。清廷诏准自1906年开始，所有乡会试一律停止，各省岁科考试亦即停止。科举制的废除，是我国教育的一大改革与进步，新式学堂也应运而生。

小志摩生在一个动荡的年代，也是一个革新的年代。光绪三十三年，也就是公元1907年，11岁的志摩被父亲送到了开智学堂。这是自废科举后硖石开办的第一所洋学堂。

开智学堂在西山脚下，那里风景奇美，有雕梁画栋的亭台，有绿树成荫的小石潭，有细水长流的清浅小溪。那里，成了志摩和小伙伴们的理想乐园。

吸引志摩的除了那些绝美秀奇的风景，更有学堂里不同于传统私塾的课程。学堂的办学规章已经非常接近我们今天的中学，开设了国语、数学、英语、音乐、体育等课程。学堂里大约有一百多名学生，有富家子弟，也有贫寒子女。

丰富有趣的课程，轻松愉快的学习氛围，与私塾里古板、单调的学习形成了鲜明的对比。进入开智学堂的志摩，有一种解放的感觉。

在这所新式学堂里，志摩如鱼得水，充分表现了他过人的天赋与聪颖。他的学习成绩仍名列前茅，甚至常排名第一，同学们都惊呼其为神童。

在这些课程中，他的国文成绩尤为优异，国文老师张仲梧（名树森）先生非常欣赏志摩的文章，据志摩的表兄，也是他的同门吴其昌先生后来回忆道："据旁人的估计，张先生古文的高足，前后应该有三位：第一位一致地推戴志摩。"

张老师对志摩的鼓舞与指导，也让志摩有了长足的进步。在文学的教养上，志摩深受张先生的影响。在以后的人生道路上，志摩出神入化的诗歌写作手法，当年在开智学堂张先生悉心的教诲起着重要的基础与铺垫的作用。

文采飞扬的志摩，经常受到老师的赞许与表扬。他的作文常

第1章
初踏尘世：富贵门庭的明珠

常在国学课上被张老师当成范文在全班同学面前朗读，他的文笔风格也被大家争相模仿。13岁小学毕业时，志摩写下了《论哥舒翰潼关之战》这篇论文，在文章中对历史上唐朝平定安史之乱中的潼关之战这一事件进行了评述，以一个13岁少年的目光与志气写出了他独到的观点与道理：

……夫禄山甫叛，而河山二十四郡，望风瓦解，其势不可谓不盛，其锋不可谓不锐，乘胜渡河，鼓行而西，岂有以壮健勇猛之师，骤变而为羸弱顽疲之卒哉？……

志摩论述了潼关失守的根本原因在于皇帝李隆基听信杨国忠谗言，而强令以守为攻的哥舒翰主动出击，最终导致战争失败，潼关失守。并且以严峻的口吻指出，潼关失守不是哥舒翰的过错，而是杨国忠的过错。一个年仅13岁的小小少年，能够这样站在一定的高度来看待历史，展示的不仅仅是志摩敏捷的才思与横溢的才华，更是他不同于同龄孩子的智慧与成熟。

字字铿锵的《论哥舒翰潼关之战》，不仅得到了老师的赞许与欣赏，更让徐父更加以爱子为骄傲。在志摩的小学毕业典礼上，志摩的父亲徐申如被以优秀毕业生家长的身份请上了贵宾席。徐父开心得几乎合不拢嘴，这也更让他坚信，志摩一定会成就一番大业，成为一颗众人仰望的璀璨耀眼的明星。

开智学堂的一草一木，一花一叶，都深深印在了志摩的心海中。在那个充满幻想与好奇的年纪，学堂里丰富多彩的学习与生活时时刻刻都在诱惑着这个天真烂漫的少年。一花一世界，一沙一天国，每一个生命，乃至每一个微小的尘埃，都有着其存在的意义。

志摩以少年特有的洞察力，给予大千世界里每一个生命炽热的诠释，让一只蚂蚁，一粒尘沙，都有了鲜活的存在感与生命的意义，那种对生活热烈的情感，冰释了凡尘的冷漠，大人们之间的尔虞我诈、钩心斗角，在志摩的文字里轰然崩塌。

西山钟灵万千的迷人风景与开智学堂里的悠悠岁月，开启了志摩灵性的天窗，这个纯净的小小少年，满怀一腔赤诚，开始用自己少年特有的明朗开眼看向历史，看向这个混沌的世界。

稚嫩的肩胛骨仿佛迎风就能生出翅膀，他始终在不停地奔跑着，骄傲着，疯狂着。那是一种飞翔的姿态，以生命的名义，灌溉着志摩年少天真的心灵。

第1章
初踏尘世：富贵门庭的明珠

4 聪慧少年书海行

志摩喜欢博览群书，上至天文，下至地理，皆为其所好。

在那个烽烟四起的年代，全国的反清抗暴斗争已成燎原之势，烽火自然燃至志摩的家乡。当地人民响应全国的号召，爆发了大规模的抗阻暴动、捣毁洋教堂以及游行起义等斗争。开智学堂的许多老师也燃烧起爱国的热情，不惜利用上课时间向学生宣扬反清思想。

志摩的一位名叫庶仲坚的体育老师就是一名典型代表。他原在武备学堂任教，因不满清政府的黑暗统治而来到开智学堂任教。他常以强身健体为名将学生组织起来，然后向他们宣扬清政府的黑暗统治与帝国主义的殖民野心，将激进的思想传授给青年学生们，并号召他们拯救万民于水火之中，奋起反抗。

志摩年少的心灵受到了很大的震撼，他不仅常常听老师们的激进宣讲，还经常阅读书籍报刊，包括当时孙中山在日本刊行的激进刊物《民报》。一颗少年的心，就像蠢蠢欲动的星火，在那些激进思想的点燃下瞬间燃成熊熊大火。

他将那些激进的刊物推荐给同学们，并告诉他们中国的社会处于怎样的水深火热之中，他用青春年少的热血，沸腾起一片火海。

青春的热血在那些动荡的年代里开始燃烧。屋檐下的爬山虎，悄悄睁开了眼睛，紫色的温暖，仿佛在为志摩唱一首冲锋的战歌。

小学毕业的时候，志摩发现视力越发下降，原本清晰的世界在他眼睛里却越来越模糊。经检查，志摩的眼睛本就患有先天性近视，加上他的刻苦读书，如今已经发展到高度近视。徐父心疼儿子，带他到上海配了一副近视眼镜。清晰的世界，终于又回到志摩清澈的双眼中。

小小的眼镜，带给了志摩莫大的愉快与自信。从此以后，眼镜成了志摩生命里的一部分。但志摩也清醒地意识到：眼镜虽好，只能助你看，而不能使你看；你若然不愿意来看来认识，来享乐你的自然界，你就戴十副二十副托立克，克立托，也是无效！

1910年初春，大地复苏，沉睡了一冬的希冀开始发芽。在和煦的春风里，志摩迎来了他学海生涯里的第三次转折。在沈钧儒先生的介绍下，徐志摩和他的表兄淑薇进入浙江最好的中学杭州府中学堂（1913年改称浙江一中，现为浙江省杭州第四中学）读书。

这又是一个钟灵毓秀的地方，青山秀水，孕育了无数的名人志士。比起志摩的家乡硖石，这里的美丽有过之而无不及。刚刚来到省府大城市的志摩，兴奋激动的心情让他难以入眠。

青春易老，韶华易逝，书籍依然是志摩最好的伙伴。他在书

第1章
初踏尘世：富贵门庭的明珠

海里徜徉着，遨游着，思维仿佛插上了翅膀，漫无边际地在夜幕里展翅飞翔，每一个思维的火花都是洁净的翎羽，蘸着青春的墨水，在历史的天空书写下绚烂的奇迹。

杭州是个名人辈出的地方。以笔为枪的鲁迅，以赤诚之血荐轩辕；一身傲骨的朱自清；不为五斗米折腰；顿悟佛缘的丰子恺，画中有诗情；还有陈望道、叶圣陶、俞平伯、夏衍、冯雪峰、潘天寿，等等，都出自杭州。

古人云：上有天堂，下有苏杭。许是杭州独特的天地灵气，深深地感染了志摩，让这个本就聪明伶俐的少年，来到这里后更是如鱼得水。

虽是初出茅庐，对于这个热血少年来说，一切陌生的事物都充满着新奇与诱惑。他潜心学习着自己的课程，同时又努力抓住每一个读书的机会。他活泼开朗而又善于言谈，虽然相貌上"头大尾巴小"，在学习上却毫不输给别人。时光的沙漏在斜阳里描上了金色的光环，记忆在那个年代里涂上了快乐的年轮。

也许当时的志摩怎么也想不到，年少的时光，被他的挚友郁达夫于1931年12月11日写进了《志摩在回忆里》这篇纪念文章中：

……

一个是身体生的很小，而脸面却是很长，头也生的特别大的小孩子。我当时自己当然总也还是一个孩子，然而看见了他，心里却老是在想，"这顽皮小孩，样子真生得奇怪"，仿佛我自己已经是一个大孩子似的。

……

而尤其使我惊异的,是那个头大尾巴小,戴着金边近视眼镜的顽皮小孩,平时那样的不用功,那样的爱着小说——他平时拿在手里的总是一卷有光纸上印着石印细字的小本子——而考起来或作起文来,却总是分数得的最多的一个。

……

郁达夫的回忆,生动再现了当年志摩进入杭州府中学时的情景,也正如他所言,那是的志摩对小说有着浓厚的兴趣。他曾对郁达夫说过:"这些旧诗词,我在书塾时也学过,总感到受的限制太大,写不好。我现在对小说发生了浓烈兴趣。什么社会小说、警世小说、探险小说、滑稽小说,我都读,读得简直着了迷。"

精彩纷呈的小说不仅给志摩带来了精神上的享受,更让他独特的世界观与人生观迅速形成。除了小说,志摩还喜欢自然科学读物。正如他后来在《猛虎集》的序文中说:"在二十四岁以前我对于诗的兴味远不如我对于相对论或民约论的兴味。"

他对大千世界充满了好奇,地球为何转动,宇宙如何形成,都成了他不停思考的问题。他甚至时常"想感受神秘的冲动","飞出这沉寂的环境","去寻访更玄奥的秘密"。对于科学的求索,他还写下了《镭锭与地球之历史》这篇科学论文,并发表在府中的刊物《友声》第2期上。

第1章
初踏尘世：富贵门庭的明珠

徐志摩的好友张奚若曾经回忆说："他对于科学有时也感很大的兴趣。当我一九二一年和他在伦敦重聚时，他因分手半年，一见面就很得意地向我说他近来作了一篇文章，料我无论如何也猜不着他作的是什么题目。……原来他作了一篇爱因斯坦的相对论！"

《爱因斯坦相对论》发表在1921年4月15日出版的《改造》（梁启超主编）第3卷第8期上。据说梁启超先生对爱因斯坦哲学的理解就是通过志摩的这一篇文章。对科学的钟情，为后来志摩在诗歌上的造诣打开了一扇天窗。他的思维在科学的长空里信马由缰，仿佛胸腔里跳动的心脏迎风生双翼，舞起了懵懂年华里最动人的旋律。

1911年，清政府对外的软弱无能与对内的压迫暴政，使人民苦不堪言，全国上下奋起反抗，辛亥革命由此爆发。这场革命推翻了统治中国长达两千多年的封建君主专制统治，掀开了历史上新的篇章。

波及全国的革命热浪席卷杭州，杭州府中学也因此停办，志摩只好暂时休学在家，等待复学。一颗纯净的赤子之心是无论如何也闲不住的，志摩利用这段闲暇时间如饥似渴地阅读书籍与报刊，那些激进的思想在他的胸腔里再度燃起熊熊的烈火。

清政府的无耻卖国与对百姓的残酷剥削，让他愤怒不止；帝国主义的殖民统治，也让他看清了社会的黑暗现状；与此同时，提倡民主、自由、博爱的新思潮，给了他莫大的影响；而后清政府的被推翻，也让他看到了一种新的希望，一种充满着诱惑的曙光。

也是在这个时候，他对戊戌变法的倡导者之一梁启超有了更深刻的认识。他钦佩梁启超的才学与胆识，并默默地以他为榜样，甚至在问校长写作上都刻意去模仿梁启超的风格与文风。梁启超，成了志摩少年时代顶礼膜拜的偶像。

1913年，辛亥革命的热浪已渐渐冷却。这一年春季，杭州府中复办，志摩也得以返校继续读书，然而郁达夫却没有回来，他随着兄长离开故土，去了日本。

就像刚刚复苏的万物，校园里到处都洋溢着一股希望的味道。校刊《友声》在这个时候创办了，它也成了志摩施展才华与抱负的阵地。他模仿梁启超的《论小说与群治之关系》中的文风与内容，写下了《论小说与群治之关系》，对梁启超先生从改良小说着手进而改良社会的主张加以诠释，同时又把新小说的创作与改良社会加以联系起来，志在倡导促进改良社会的新小说。该文发表在了校刊第一期上。同学们阅读之后，都对志摩大家赞扬，惊呼其为天才。

梁启超曾在《论小说与群治之关系》中这样说道："欲改良群治，必自小说界革命始，欲新民，必自小说始。"这更加激发了志摩的阅读与创作热情，他的思想也在这样的文章与书籍中洗礼着。

志摩的书生意气，在杭州府中挥斥方遒。志摩的才名也渐渐传播开去，他是青年朋友中的翘楚，也是同学们中的明星。光阴流转，西子湖畔的金柳沉淀几匝年轮，志摩在才华与名气的光环里成长着，也成熟着。

第 2 章

前程新景：

漂流异国他乡人

1 锦瑟年华双重喜

又是一个温暖明媚的春天,阳光在袅袅的柳枝间翩跹起舞,风景如画的杭州洋溢着青草的清甜味道。志摩一如往常读着自己喜爱的小说,在春风得意中舒展着思想的翅膀。

志摩不会想到,兴武督理浙江军务朱端元的秘书张嘉璈来杭州府中视察,铺下了他人生中第一席婚姻的红毯。在张嘉璈视察的过程中,校长为他推荐了一篇学生写的论文《论小说与社会之关系》,张嘉璈看后大为赞赏,询问其作者,原来是早已才名远播的徐章垿——徐志摩。

张嘉璈亲自面见了志摩,看到眼前的少年眉目清秀,头略大,脸庞狭长,高挺的鼻梁上架着一副金边眼镜,厚厚的镜片下面,是一双清澈而有神的大眼睛,匀称的身材,加上志摩优雅大方的气质与风度,让张嘉璈不禁暗自欣赏。面对张嘉璈的询问,志摩

第 2 章
前程新景:漂流异国他乡人

应付自如,而且非常有自己的主见和观点。无论是志摩外在的气质,还是内在的修养,都让张嘉璈在心中暗暗喜欢。

张嘉璈有一位待字闺中的妹妹,名唤张幼仪,年方 13 岁,虽然算不上倾城倾国,却是生得端庄大方,又兼贤淑温雅。她的祖父是清朝的知县,父亲张润之是当时的名医。张幼仪兄弟姐妹 12 人,她是张家第二个女儿,在兄弟姐妹中排行第八。二哥张君劢(张嘉森)和四哥张公权(张嘉璈)都曾经留学日本,颇有学问,在当时的学界、政界和金融界都有影响,是社会上的名流。张嘉森曾是末代翰林,也是与梁启超有师生之谊的革命党人;张嘉璈从事银行业 22 年,历任中国银行总经理、中央银行副总裁、中央信托局长等职。

看到风度翩翩的志摩,张嘉璈自然想到自己的妹妹。那时她还在江苏都督程德全创办的江苏省立第二女子师范学校读二年级。时隔不久,张嘉璈又打听到徐志摩是硖石商会会长徐申如的独生子,这更加坚定了张嘉璈的决心,于是他主动派人前往徐家说亲。

在那个新旧思想交织的年代,为 13 岁的女孩张罗亲事还算早的。据传张家搬离祖宅后,因为失去了祖传的产业,导致经济拮据,张嘉璈从日本回来后就担负起了家里经济上的重任,于是他和母亲商量早点将两个妹妹嫁人。于是张母请人前来为两个女儿算命,结果算命的说 14 岁的大女儿不能早嫁,否则丈夫会早死,必须等到 25 岁以后才能嫁人,方保一生平安。就这样,张家只能将期望放在小女儿张幼仪身上。

此时的徐家，虽然事业正蒸蒸日上，然而古老的中国有着重文抑商的传统思想，靠商业发家的徐申如在心里上往往自觉低人一等，而若能够与家世显赫又是书香门第的张家结秦晋之好，有着莫大的荣幸，是求之不得的好事，加之张幼仪是名门闺秀，容貌端庄可人，徐父欣然答应。在徐申如的回信中，他这样说："我徐申如有幸以张嘉璈（即张公权）之妹为媳。"

当张幼仪第一次看到徐志摩的照片时，家人问她这个人怎么样。她只是笑着说听从父母的安排。她是个知书达理的女子，温婉贤惠，落落大方。然而青春狂野的志摩却与她截然不同。当他第一次看到未婚妻的照片时，却只是撇撇嘴，不屑地说了一句"乡下土包子"。但年少的志摩还不懂得爱情为何物，在他的棱角生长出来之前，他还是遵守中国传统文化礼仪的。父母之命，媒妁之言，他没有理由抗拒。

当两家定下这门亲事的时候，志摩年仅 16 岁。光阴的海浪，在一点点剥蚀成长的足迹。沙滩上的海鸥，衔起岁月的虹，一端搭在志摩的心里，一端抛向了幻想的天空。

沁香的阳光温暖了青春的脚印，婆娑的树影间漫溯着花香的气息。两年后，也就是 1915 年的夏天，志摩以优异的成绩从杭州府中毕业，并且顺利考入了上海浸信会学院暨神学院（沪江大学前身，现为上海理工大学）。也是在这一年，徐家和张家为志摩和幼仪举办了隆重的婚礼。青春年少的志摩，可谓双喜临门。

张家为了幼仪嫁过去受到徐家的重视，特意派人前往欧洲采

第2章
前程新景：漂流异国他乡人

购嫁妆。嫁妆的丰厚与奢侈，让人不禁咂舌，据说光是家具整整一节火车厢都没有装下。

他们的婚期定在1915年10月29日，因为志摩要求办新式婚礼，而双方家长都希望办传统婚礼，最终采用了中西合璧的方式，集传统与新式于一体。张幼仪身着西洋白与中国红相间的礼服，徐志摩则身着笔挺的西装，两个人没有拜天地，而是接受证婚人证婚。

良辰美景，洞房花烛，本应是幸福甜蜜的时刻，然而志摩却在心里产生了小小的抵触，那抵触似乎还在悄悄生长着，生长着。面对父母包办的婚姻，面对家人万分满意的儿媳妇，志摩却沉默了。整整一夜，他都不曾与幼仪说过一句话。

而此时的幼仪，多么想告诉丈夫感谢命运的安排，让他们相遇。面对志摩的沉默，自小受到传统封建思想教育的幼仪，只是紧张地望着丈夫，把已经到了嘴边的话，生生咽回肚子里去了。

他们的沉默，也由此开始。

婚后的志摩虽然不满父母对自己婚姻的包办，但与幼仪相处还是很融洽的。两个人虽算不上如胶似漆，但也算得上举案齐眉，相敬如宾。日子，就在这不温不火的平淡中悄然逝去。

也是在这个时候，志摩渐渐萌生了对爱情的看法与向往。在他眼中，张幼仪虽然是天足（没有裹脚）女子，但是在心灵上却依然是传统的女子。他所渴望的，是一位才貌双全的聪慧佳人，是一场浪漫而温馨的爱情。

幼仪的温婉贤淑没能留住志摩的心。结婚后几个星期,志摩就前往上海浸信会学院暨神学院读书了。剩下幼仪一个人守着空空的婚房,青春的花瓣还不曾开放,就开始随风凋零。在冗长的寂寞中,青春成了一枝望雨的花托。

年少的狂野,躁动着志摩不安分的心。他并没有安心念完浸信会学院的课程,第二年秋天,他就离开上海,来到了天津的北洋大学(天津大学)的预科攻读法班。翌年,北洋大学法科并入北京大学,徐志摩也随着转入北大就读。

北国风光,再度燃起了志摩心中汹涌澎湃的诗情。那些熟稔的文字,在他的脑海里旋转、翩跹,最后拼接成唯美的字句。他的生活越发丰富多彩起来,他的思想也随着所见所闻而有了新的认识。

如画的燕园,映着浅草的朝露,以兼容并包的怀抱,让志摩忍不住融在其中。在碎玉跳动的未名湖畔,他潜心钻研法学。与此同时,他又攻读日文、法文、政治学,广泛的兴趣促使他博览群书,对中外文学的阅读与研究更加深了他对文学的兴趣。

热情开朗的志摩喜欢广交挚友,和他们评论时势,探讨学术。他如饥似渴地阅读着宣扬民主、自由的进步书籍,在深入了解并接受了资产阶级民主自由思想之后,徐志摩更加崇尚浪漫与自由。他提倡婚姻自主,并为自己理想中的爱情与人生开始了不懈的努力。

也许这条路注定是坎坷的。但志摩不在乎。在他心中,幸福是自由与浪漫的结合,他也深深懂得,一切幸福的源泉,都在于自己的努力争取。

第 2 章
前程新景：漂流异国他乡人

2 奔赴旧金山的梦

在北大读书期间，志摩一直借住在姑丈蒋谨旃的族弟蒋百里家中。蒋百里曾经赴日本留学，在当时已是遐迩闻名的军事家，而且是梁启超的得意门生，为人谦和，学识渊博。

志摩非常敬重这位德高望重的百里叔，经常和他谈天说地。两个人虽是叔辈，却相处得仿若同龄朋友。志摩也将自己对社会、对人生乃至对爱情的看法一并拿出来和蒋百里探讨。那些沉闷在心底无处宣泄的心事与烦恼，终于找到了释放的对象。

蒋百里喜欢和志摩讲他年轻时的故事。1912 年，他在担任保定军官学校校长时，出于对军阀统治的不满，在全校师生面前慷慨陈词，然后举起手枪自杀。他希望用这样的方式，来唤醒那些沉酣的国人。

后来蒋百里被送往医院抢救，负责照看他的是一名日本女护士，名叫左藤屋子（左梅）。她的耐心负责，让蒋百里得到了很好的恢复。她用女性特有的温柔与善良，让蒋百里从身体到心灵都迅速地康复起来，爱情，就这样无声无息地从一棵小小的嫩芽渐渐长成了参天大树。

蒋百里的家乡本有父母为他找好的媳妇，因为是父母包办，所以他一直耿耿于怀。在遇到自己的真爱梅子后，他毫不犹豫地冲破了中国传统的封建观念，以自由恋爱的名义，于1914年与梅子步入婚姻的殿堂。

蒋百里的勇敢与果断，深深地感染了志摩。看到蒋百里夫妇恩爱幸福，他也在心中默默发誓，一定要去追求自己的自由与幸福，让命运听从自己的安排。

面对张幼仪的感情，徐志摩却又只能惭愧。他无法逼迫自己爱上她，然而她又是自己明媒正娶的结发妻子。这种痛苦的矛盾，一直深深地困扰着他。1918年3月，幼仪为志摩生下一子，取名积锴，乳名阿欢。初为人父的喜悦，又一下子冲淡了志摩心中泛滥成灾的矛盾感。享受着天伦之乐的他，甚至会忽然觉得这样平淡的生活也是一种幸福。

柴米油盐的生活，并没有拴住志摩渴望飞翔的心，他是不甘于寂寞，不甘于平庸的。他经常和蒋百里谈到梁启超，谈到自己的钦佩之情。他希望能够结识这位崇拜多年的英雄，并请求蒋百里为自己引荐。爱才心切的蒋百里自然欣然应允。

1918年6月，经蒋的引荐、妻兄张君劢的介绍，徐志摩终于

第2章
前程新景：漂流异国他乡人

得以见到了梁启超的庐山面目，并拜梁启超为师。在隆重的拜师大礼上，徐志摩英姿飒爽，面对梁启超的问话回答得字字铿锵，梁启超也对这位爱徒赞许有加。

看到天资聪颖的徐志摩，梁启超希望他能够有更好的发展。当时正是留学英美的热潮，作为一名经过大风大浪，有着深远目光的老师，梁启超建议徐志摩到国外去留学。等到学成归来，才能有更大的力量来报效祖国，成为国家的栋梁之才。

早在杭州府中读书的时候，志摩就对美国产生了浓厚的兴趣。他曾经在杭州府中所写的日记后面，抄录了四篇北美游记。那是从《谦本图旅行记地理读本》乙集《北亚美利加》一书中摘录下来的。四篇游记语言优美，颇具文学价值。所以听到梁启超先生建议自己出国留学，他第一个想到的就是美国。

赴美留学，需要支付高昂的费用。但是一直以爱子为骄傲的徐父一听他要去美国留学，立即大力支持。徐申如对志摩抱有很大的期望，每一件有利于儿子前途的事，老父亲都会竭尽全力去帮儿子实现。

徐家上下一片欢天喜地，都为志摩的远行而纷纷忙碌着。没有人注意到幼仪的落寞，这个与丈夫结婚刚刚三年，在一起的时光却不足半年的女子，她在心底默默地哭泣着，整颗心都被泪水濡湿了。她是公婆眼中的好媳妇，是丈夫眼中恪守三纲五常的传统女子，她不可以任性地要求丈夫留下来，她所能做的，就是默默地帮丈夫打点行装。幼仪心底的呐喊，志摩是听不见的。

那是世界上最遥远的距离,我明明就站在你的面前,而你,却拒我于千里之外。

正在为自己的大好前程畅想的志摩,没有忘记恩师梁启超,临行前,他给梁启超写了一封信,信中这样说:

"夏间趋拜桀范,眩震高明,未得一抒愚昧,南归适慈亲沾恙,奉侍匝月,后复料量行事,仆仆无暇,首途之日,奉握金诲,片语提撕,皆旷可发蒙。……敢不竭步之安详,以冀千里之程哉?"

志摩表达了对老师的敬重之情,同时也道出了自己的青云之志。这时的志摩,是慷慨激昂的,满怀着报国热情,希望能够驱除鞑虏,恢复祖国的大好河山,从中华大地上将帝国主义殖民者永远地赶出去。正如他在杭州府中所写的那首豪壮的《书感》:

神州风雨感游踪,
上戴南冠怒发冲。
……
我拟轻装驾黄鹤,
月明狂啸最高峰。

临行前,父亲想起志摩小时候来过的那位大师,他说:"此子系麒麟再生,将来必成大器。"为了让儿子托大师吉言,牢记自身

第2章
前程新景:漂流异国他乡人

的使命与亲人的期望,徐申如为爱子改名"志摩"。徐申如希望儿子能够成为金融界的风云人物,但事与愿违,他无论如何也想不到,徐志摩这个名字在十几年后响彻了中国的诗坛。

满载着亲友师长的希冀,徐志摩于1918年9月18日乘南京号轮从上海浦江码头开启了他的赴美留学之旅。与他同行的,是一批在中国近代史上颇具影响力的人物,如汪精卫、朱家骅、李济之、张海歆、查良钊、董任坚、刘叔和等。

只是那时花还未开,浦江的浪头还未打湿历史的黄卷。未卜的前途充满了诱惑与新奇,他们兴奋着,激动着,年轻的血气蒸腾着豪侠傲骨,流年染指,直到好多年以后才懂得那一艘破浪远航的船带着他们去了什么地方。

夏日的阳光将人群拥挤的港口镀成了金色的画卷,刺耳的汽笛声宣布着离别的到来。当轮船渐渐驶离,亲人们拼命挥手的身影也渐渐模糊。志摩在心底发着誓,一定要学成归来,不辜负大家殷切的期望,用自己满腔热忱来报效国家,拯救万民于水火之中。

日子一天天过去,每天面对着茫茫大海,志摩开始思念亲友们。看到波澜壮阔的太平洋,向着祖国的方向,他似乎看到了美好的明天。听到那浪花轰鸣着,一浪拍着一浪,又渐渐消失在天海相接的地方。面对此情此景,一种豪迈的情感,在志摩的心底油然而生。

回到船舱,他激动地拿出随身携带的纸笔,奋笔疾书,一篇大气磅礴的《启行赴美分致亲友文》一挥而就:

民国七年八月十四日（1918.9.18）启行赴美，诸先生即祖饯之，复临送之，其惠于志摩者至，抑其期于志摩者深矣。

窃闻之，课不出几席者，忧隐于眉睫，足不逾闾里者，知拘于蓬蒿。诸先生于志摩之行也，岂不曰国难方兴，忧心如捣；室如悬磬，野无青草；嗟尔青年，维国之宝；慎尔所习，以骍我脑。诚哉！是摩之所以引惕而自励也。

……

志摩将自己与国家的命运紧紧联系起来，明确指出国家处在"室如悬磬，野无青草"的国难之中，他忧心如捣，然而笔锋一转，指出国家复兴的希望在于青年。正是忠孝两难全，面对国家的凋敝，志摩只好选择前者。

父母在，不远游，而此时的志摩却远离父母和娇妻幼子，离祖国于万里，入异俗之域，那种孤苦与痛楚让他几乎落泪。但毕竟，男儿有泪不轻弹，他将所有的痛与苦都埋在了心底。面对国家的衰颓与帝国主义的欺凌，他没有心情去顾及儿女情长的琐事。这一条为国效力的路，他走得无怨无悔。

在文中，志摩还列举了我国自戊戌变法以来青年学生渡海留学归来后的种种不尽如人意的状况，又列举了外国青年如何为民族的复兴而奔走呼号的感人事迹，并指出中国留学生归国后没有太大的作为，不是因为他们自身的学识不够，而是因为利益蒙蔽

第2章
前程新景:漂流异国他乡人

了他们的双眼。

他呼吁广大青年们团结起来,以国家兴亡为己任,共同开创祖国美好的明天。他的爱国热忱,在这一片洋洋洒洒的《启行赴美分致亲友文》中可见一斑。文章的落款是"八月三十一日徐志摩在太平洋舟中记",这也是现在我们所知道的最早使用"志摩"这一名字的文字。

3 风雨海外独飘零

滔滔的浪花噬咬着时光的尾巴。经过 21 天的海上漂泊，徐志摩终于抵达美国旧金山。稍作休息，他就马不停蹄地横穿美国大陆，来到马萨诸塞州的克拉克大学，在这里就读于历史系三年级。

新的生活从此在异国他乡拉开了序幕。那时，虽然一战已经接近尾声，但美国人民同仇敌忾、团结一心的精神，仍给徐志摩留下了深深的印象。想到中华大国泱泱几亿臣民，竟然输给西方夷寇，他不禁感慨万千。

异国他乡，书信成了志摩与祖国紧紧相系的纽带。他执笔疾书，告诉恩师梁启超"克拉克大学学习生计，国人于此不及百，学者十人而已，此间人士切心战事，上下同忾，爱国热忱，可为敬畏"。他希望团结奋斗的精神，也可以随着小小的信笺漂洋过海，唤醒东方那头沉睡的狮子。

第2章
前程新景：漂流异国他乡人

在美国留学期间，志摩一直谨记父亲的期望，决心投身金融业，成就一番大事业。他为自己取的英文名字是"汉密尔顿·徐"，就是希望能够成为中国的汉密尔顿，通过政治与经济来拯救中国。汉密尔顿是美国建国后第一任财政部长，也是伟大的政治家与联邦党领袖，他的事迹与精神给了志摩莫大的鼓舞。

为了尽快实现自己的目标，回报亲人们殷切的期望，志摩在1918年10月15日与同宿舍的董任坚、张道宏、李济之共同订立章程，以此来互相督促，发愤向学。章程的内容有六时起身，七时朝会（激耻发心），晚唱国歌，十时半归寝，日间勤学而外，运动散步阅报等。他们把学习生活安排得充实有序，可见其毅力与决心。

在来美国之前，志摩并没有刻意地要求自己怎样，也并非勤劳之人。正如他自己所说，从小受到家人的宠爱，长大后又没有听到过丝毫刺激的话，而且受到不良风气的熏陶，就养成一种恶习气，懒惰散漫到无以复加的地步。但是赴美以后，不同的环境，不同的天地，让他深深地明白懒散是绝对要不得的。他发誓要打起精神，以杀懒虫。

第二年，也就是1919年，一战的烽火终于熄灭了。10月11日上午，停战的消息传来，美国霎时"举国若狂，欢天动地"。这是志摩意料之中的事，是美国人的团结与坚毅，使战争取得了最后的胜利。志摩在给梁启超的信中这样说"一扫云雾，披露光明，消息（十一月十一日上午二时五十分）到美，举国狂。……方是时也，天地为之开朗，风云为之霁色，以此诚洁挚勇之爱国精神，相腾嬉而和慰。嗟乎！霸业永诎，民主无疆，战士之血流不诬矣！"志摩深受美国人民的团结、勇敢之心感染，面对美国人民的欢呼，志摩也深深地期盼中国有一天能够复兴，能够强盛。

丰富多彩的异域文化，大大地开阔了志摩的眼界。在美国，他开始以白话文写日记，以一种朴实、真切的语言来反映身边的现实生活。人间的烟火味，使志摩的文章更加具有了耐读性与深度。

他以一种近乎疯狂的状态学习着、磨砺着。除了学校里的必修课程，他还选修了《欧洲现代史》、《19世纪欧洲社会政治学》、《1789年后的国家主义、军国主义外交及国际组织》、《商业管理》、《劳工问题》、《社会学》、《心理学》等课程，为了解决在异域他乡的语言障碍，他还选修了法语、西班牙语等语言课。课程的内容涉及政治、经济、外交、社会、心理、语言等领域。为了继续充实自己的学识，他还在康奈尔大学夏令班选修了几门课。除了学习书本上的知识，为了锻炼自己的实践能力，他还参加了校学生陆军训练团以及哈佛大学中国学生组织的"国防会"。

后来李济之回忆说，徐志摩初到美国时英文不好，但肯下功夫苦学，所以进步神速。志摩的勤奋刻苦，与他在国内时的懒惰散漫判若两人。身边的喧嚣与繁华，没有影响到志摩求知上进的心。

再苦再累，志摩依然甘之如饴。无论面临怎样的困境，他都永葆乐观的心态。他也曾试图打工赚钱，来自食其力，虽然最终因为经常手忙脚乱打碎碗碟而宣告放弃，但这其中的辛苦却给志摩留下了深刻的印象。"谁知盘中餐，粒粒皆辛苦，"从知道这句话，到懂

第2章
前程新景：漂流异国他乡人

得这句话，对于每个人来说，都需要经过漫长的历程。

他乡的明月，总是少了几分温暖。几度月儿望瘦，故乡熟悉的味道总是浮现在志摩的梦境里。那里有他成长的足迹，那些沉淀在岁月里的金色年华向着青草更深处漫溯开去。当夜幕降临的时候，他会静静地想象，在地球的另一面，家里人都在忙些什么呢？农历三月十八日，是志摩祖母八十岁寿辰，他没有忘记，在日记里，他默默地写下"今日祖母大人八旬荣寿，家中盛况可想"的句子。

有志者，事竟成。志摩通过自己不懈的努力，终于在一学年后以优异的成绩毕业，并且获得一等荣誉奖。那是志摩汗水与智慧的结晶，更是大洋彼岸的徐家之骄傲。

志摩并没有因为短暂的成功而骄傲自满，在短暂的暑期过后，他又转入纽约哥伦比亚大学研究院攻读经济学。又是一个新的氛围，一片新的天地，志摩开始了又一轮如饥似渴的阅读与学习。

也是在这一年，英、法、美、日、意等帝国主义国家在法国巴黎召开所谓"和平会议"，中国政府代表要求归还一战期间被日本抢去的德国在山东侵占的各种权利遭到无理拒绝，并且在对德和约上规定把原来德国在中国山东的一切权利转给日本。外交上的失败，引发了国人的愤怒，一场由青年学生发起的爱国运动——五四运动，由此爆发。

当徐志摩听到这个消息时，所有的愤怒、激昂随着全身的血液都一下子冲到了头顶。他在日记里赞扬梁启超《中国与世界和平》一书中关于青岛问题的看法，认为其"列述中国和平会议，要求款项合法合理,而于归还青岛、废除密约诸项,尤申言凿凿"。

青年学生总是走在时代的最前沿。为了心中崇高的理想,他们勇于艰苦奋斗,勇于挑战骇浪惊涛。在美国的中国留学生当然也不会落后,他们自发组织起来,以他们自己的方式来开展轰轰烈烈的爱国运动。徐志摩也自然奋不顾身地投入到爱国学生的行列之中。

此后,他更加关注国内、国际的时事,从大洋彼岸寄来的进步报刊、书籍如《新青年》、《新潮》等更是成了他的至宝。在烟波浩渺的书海中,他悟出需要从外国先进的政治、经济和文化的现状中寻求救国救民道路的真理。他有着活跃的思想与头脑,任何新知识、新理论他都急切地去了解,凡是目光所及,他都能尽最大努力去剖析挖掘,比如相对论、羌德拉泊司在植物学中的发现、爱尔兰的民族复兴运动、塞尚的绘画、叔本华的唯意志论、尼采的超人哲学,等等,都为志摩所好。

他不喜欢闭门造车,所有的见解与感悟,他都会及时拿出来与同学们探讨,以求在磋商与辩论中得出更高深的结论。他的社交广泛,优雅的气质、高深的见解以及大方的谈吐,也都深深地吸引着他身边的每一个人。各种报告会、演讲会也成了志摩开阔视野的平台,他的学识也在以惊人的速度积累着、沉淀着。

又是一年的时光,徐志摩在哥伦比亚大学获得了硕士学位。以他的才华与毅力,如果继续攻读博士学位是没有问题的,但此时的他对学位已经失去了兴趣。

第2章
前程新景:漂流异国他乡人

在广泛的阅读中,他了解到了尼采这位著名的人物,对于他们的思想,志摩更是沉迷其中。弗里德里希·威廉·尼采是德国最著名的哲学家之一,他开创了西方现代哲学,同时也是卓越的诗人和散文家。尼采是最早批判西方现代社会的人,他的哲学思想引起反响时,才产生了后来的生命哲学、存在主义、弗洛伊德主义、后现代主义。

对于尼采,志摩说:"我仿佛跟着查拉图斯特拉登上了哲理的山峰,高空的清气在我的肺里,杂色的人生横亘在我的脚下。"在尼采的作品中,志摩看到了自强不息、顽强拼搏的向上精神。而尼采那句"受苦的人没有悲观的权利"更是深深地吸引了志摩。

紧接着,志摩又了解到了英国的一位著名人物——罗素。对于罗素的思想,他更是沉迷不已。

伯特兰·罗素出身于英国的贵族家庭,是英国著名的哲学家、数学家和社会活动家,逻辑分析哲学学派的代表人物,时任英国剑桥大学三一学院讲师、研究员,教授逻辑学和数学原理。罗素有着惊人的才华与迷人的风度和气质,他宣扬人道,崇尚和平,反对战争。一战期间,他大声疾呼要和平不要战争,并进行积极的反战宣传。然而他的正义行为却遭到了英国政府及权贵的痛恨,为此他被三一学院除了名并取消了研究员的资格。但他的正义行为赢得了有良知的知识分子的认同。

徐志摩钦佩罗素的不事权贵与追求真理的无畏勇气,为他那种对正义、人道、和平原则毫不动摇的精神所深深折服。当志摩阅读过罗素的《战争中的公理问题》、《社会重建的原则》、《政治理想》、《往自由之路》、《我们对外在世界的认识》等作品后，他不仅更加崇拜罗素的思想与生活态度，而且对英国的民主政治也产生了深深的向往之情，而对于美国资本主义社会资产阶级掠夺的疯狂性、贪婪性，讲求物质利欲却越来越感到厌倦。

年少狂野的心，再度产生了不安分的想法。也许在志摩骨子里，本就流淌着不安分的血液，他是潇洒的、自由的、从容的，他是天上的虹，是不食人间烟火的仙客，一颗不甘于平庸与寂寞的心鞭策着他向着理想的生活奔腾而去。

第 2 章
前程新景:漂流异国他乡人

4 名流相会绽火花

追求浪漫、渴望自由飞翔的志摩,终于耐不住向往的煎熬,放弃了哥伦比亚大学唾手可得的博士学位,于1920年9月24日离开美国,前往英伦寻找他崇拜的罗素去了。

志摩这一去,从此改写的不仅是他生命的轨迹,更是中国诗坛的历史。从此,中国近代史的政治、经济舞台上少了一位预定的风云人物,文学的殿堂中却闯入了一位标新立异的浪漫大师。

英国伦敦,这座古典优雅的城市以她浪漫而宽广的胸怀接纳了这位来自东方的贵客。志摩迫不及待地去拜访罗素,然而等待他的,却是罗素早已应梁启超等人之约赴中国讲学去了的消息。

仿佛挨了当头一棒的志摩,站在熙来攘往的伦敦街头不知所措。但对于一向乐天派的志摩来说,失望只是暂时的。很快,他就发现了伦敦这座城市的美好,一种既来之则安之的念头浮上了心间。经过深思熟虑之后，他申请了进入伦敦大学政治经济学院攻读博士学位。

惊悉宝贝儿子又从美国跑到英国的老父亲徐申如，真是又愤怒又震惊。但鞭长莫及，他在千万里之外的反对无法挽回志摩的心。徐父只能用沉默来表达对儿子的抗议，于是孤身在外的志摩，一连两个多月得不到家里的任何消息。

在新的环境里，志摩虽然以书为友，但毕竟孤身一人。独自漂泊海外的日子，也常常会让他产生强烈的家国之思。他知道家里的反对，只好想尽办法来平息父亲的愤怒。1920年11月26日，他满怀思念给家里写了一封家书。

他在信笺里诉说了自己海外求学的漂泊之苦与对亲人的思念，并慰问了妻子和欢儿的状况。他将自己的可怜一字字灌注在信笺里，问家人可有体会。他希望爱妻可以来伦敦和自己团聚，慰藉自己孤苦的心灵。

聪明的志摩在这封信里细诉衷肠，把自己讲得凄楚可怜，并投其所好，把话题转到父亲引以为傲的儿媳妇身上，他知道，只有这样才能平息父亲的愤怒。

徐申如的愤怒，终于在儿子字字血泪的信笺里轰然冰释。儿子攻读政治经济学博士也让他颇感欣慰。只要他的脚步依然是向着金融界进军的，徐申如就不再干涉。儿子的孝顺与诚恳，也着实打动了徐申如夫妇，于是他们决定早些送张幼仪出国，让他们早日团聚。

第2章
前程新景：漂流异国他乡人

为了让父亲也坚信英国比美国更适合自己，志摩还在信中说："更有一事为大人所乐闻者，即儿自到伦敦以来，顿觉性灵益发开展，求学兴味益深，庶几有成，其在此乎？儿尤喜与英国名士交接，得益倍蓰，真所谓学不完的聪明。儿过一年始觉一年之过法不妥，以前初到美国，回首从前教育如腐朽，到纽约后，回首第一年如虚度，今复悔去年之未算用，大概下半年又是一种进步之表现，要可喜也。"

化解了与父亲的矛盾，志摩便安心在伦敦追求自己想要的生活了。虽然在伦敦"物质方面不及美国远甚"，"住处尚是煤气灯而非电灯，更无热水管，烧煤而已"，他也丝毫不曾动摇在伦敦求学的决心，一直安之若素，甘之如饴。

正如志摩在家信中所说，他喜欢与"英国名士交接，得益倍蓰"。初到英国时，志摩就结识了陈源（即陈西滢）。1921年2月，他又结识了来英国考察战后欧洲政治的章士钊。后来经陈西滢和章士钊介绍，徐志摩结识了威尔斯、魏雷和卞因等英国著名作家和学者，其中与威尔斯的交往最为密切。

威尔斯是英国文学家、历史著作《世界史纲》的作者。他喜欢写科幻小说和社会小说，并把两者结合起来。他反对社会的一切陈规陋俗，主张以社会为本位，为社会而创作小说。威尔斯的幽默风趣与平易近人，也深深地吸引了志摩。能够与威尔斯结识，对于当时还默默无闻的志摩来说，是一种莫大的荣幸与鼓舞，威尔斯的思想与文风，也在不知不觉中对志摩有着潜移默化的影响。

伦敦湿润的空气濡染了志摩天生的灵性。亘古蔚蓝的天空,浮游着几千年沧桑的岁月。通过威尔斯,徐志摩又结识了他的好友魏雷。魏雷是专门研究中国文学的,因此在他的研究过程中,有着深厚国学底蕴的徐志摩帮了他不少忙,尤其是在唐诗理解和翻译上。对此,魏雷对这位中国小朋友也非常感激。

在共同的话题中,在知心的探讨中,那些开满似锦繁花的记忆氤氲了伦敦的晨雾。美好的时光如树荫下的清泉,一面折射着灿烂的阳光,一面潺潺流淌着。

1940年,魏雷在《欠中国的一笔债》一文中这样说:

以往多年来,中国学生一直在英国接受工业教育。在剑桥大学那一班,大部分来自新加坡;他们当中许多人不能说中文,写就更不用谈了。大战过后,有一位在中国已略有名气的诗人到了剑桥。他似乎是一下子就从中国士子儒雅生活的主流跳进了欧洲的诗人、艺术家和思想家的行列。这个人就是徐志摩。

……

魏雷对徐志摩进行了高度的评价,这是魏雷眼中的志摩,同时也是朋友们眼中的志摩,更是世界眼中的志摩。

通过魏雷,徐志摩又认识了著名诗人卞因。当时魏雷在大英博物馆任职,他的上司就是卞因。当然,志摩与卞因的交往远不如与魏雷深厚,他们只是在文学和诗歌上往来唱和。

第2章
前程新景:漂流异国他乡人

与朋友之间的诗来文往,让本就不安分的志摩更加不安分起来。在伦敦学了半年,他又觉得经济学的理论既枯燥又乏味,他大多数的时间是参加伦敦的各种演讲会、报告会。丰富的社会活动,也使他有更多的机会结识当时社会上的名流。正当"我在伦敦政治经济学院混了半年,正感着闷,想换路走的时候",一个偶然的机会使他在伦敦国际联盟协会的演讲会上,结识了英国著名作家高斯华绥·狄更生(G.L.Dickinson)和他早在国内就仰慕的政坛名人林长民先生。这段深厚的友谊,也改变了命运的轨迹,让他越来越向着文学的曙光迈进。

在美国留学期间,志摩就读过狄更生的作品,如《一个中国人的通信》、《一个现代聚餐谈话》等。狄更生是一个慈祥和蔼又风趣幽默的人,他尊崇中国的老子,提倡古希腊的生活,一心向善向真。他的生活态度与对文学的热忱给了志摩深刻的影响。就像魏雷说的那样:"徐志摩一经结识狄更生,就把他当作英国的梁启超,佩服得五体投地。"

那一段美好的记忆,时常让志摩留恋不已,他这样回忆说:"英伦的日子永远不会使我有遗憾之情;将来有一天我会回思这一段时光,并会忆念到有幸结交了像狄更生和你这种伟大的人物,也接受了启迪性的影响,那时候,我不知道自己是否会动情下泪。"

通过狄更生先生,志摩又结识了新派画家傅来义(Rogre Fry)先生,两个人一见如故,很快成为挚友。傅来义先生画技高超,为人又心地仁厚,温文尔雅,颇有儒者风度。他对中国的艺术也很感兴趣。与傅来义的交往，志摩了解到了各类新派画家诸如塞尚、马蒂斯、毕加索等的艺术世界。在艺术世界的涤荡中，志摩浪漫、梦幻的思维再度沸腾了。

志摩在给傅来义先生的信中曾这样说：

你宽厚温雅的人格，为我开展了新的视野，并且鼓舞有加，使我能亲炙那些博大事物和高贵的思想与感情。

……

不久后，志摩又结识了当时著名的作家嘉本特（Edward Carpenter）。当时嘉本特先生已近八十高龄，但却有着前卫的思想，甚至有反传统的精神。他倡导恋爱与婚姻的自由，喜欢中国茶。在志摩身上，人们也时常能看到嘉本特的影子。他的散文诗《毒药》、《白旗》、《婴儿》、《自然与人生》等，都有着嘉本特影响的痕迹。

此外，志摩还数次拜访萧伯纳先生，并为萧伯纳先生锋锐的言语，沉着纯正的腔调所深深感动。

后来在志摩离英回国前夕，还有幸目睹了英国著名女作家曼殊斐尔的风采。在英国期间，他对曼殊斐尔的短篇小说也很着迷。虽然他们的见面只有短暂的二十分钟，然而就是这短暂的"二十分不死的时间"，却成了历史上永远的定格。

1923年1月9日，年仅35岁的英国女作家曼殊斐尔在法国

第2章
前程新景：漂流异国他乡人

去世。当志摩知道这个消息时，顿时感伤万千，曼殊斐尔的一颦一笑，依稀在他的记忆里浮现。所有的悲伤与哀悼，都化作那一行行用泪水洗过的诗歌里：

……
我与你虽仅一度相见——
但那二十分不死的时间！
谁能信你那仙姿灵态，
竟已朝露似的永别人间？
……

没有见到罗素，志摩一直耿耿于怀，因此他也时刻打探着罗素的行踪。他阅读了罗素1920年6月访苏联以后写的《布尔什维克主义之理论与实践》一书，顿感热血澎湃，挥笔写下了《罗素游俄记书后》一文，并将它寄回国内发表在了梁启超先生主编的《改造》杂志上。在文中，他对罗素进行了高度的评价：

罗素世代簪缨，一国望族，其决弃世俗之浮华，研数哲之秘妙，已非常心所可见。方战事之殷，罗素因仁人之心，训和平之德，乃不谅于政府，夺其教席，拘之狴犴。……

将近一年的时间，罗素终于结束了他世界各地的讲学与访问，与他的新婚妻子回到英国。一直渴望与罗素相见的志摩听闻其回国的消息，立即激动地提笔致信罗素，表达了自己对罗素强烈的敬仰之心，并请求相见。

阳光懒散地敷在伦敦古老的城堡上，志摩在激动与焦躁中等待罗素的回音。

几天后的一个下午，他终于拜见了梦寐已久的罗素先生。一段友谊在这里悄悄生长开来。志摩更加狂热地崇拜着罗素，所有罗素的演讲、报告会等他都全力参加。罗素因为在战时主张和平，积极反战以及他异于世俗的离婚事件而被剑桥大学最负盛名的三一学院除了名，他横溢的才华、睿智而幽默的语言、桀骜不驯的生活态度，都给了志摩深刻的影响。他为罗素的人生价值观、婚姻道德观以及个人的精神气质深深倾倒：

每次我念罗素的著作或是记起他的声音笑貌，我就联想起纽约城，尤其是吴尔吴斯五十八层的高楼。罗素的思想言论，仿佛是夏天海上的黄昏，紫云里不时有金蛇似的电火在冷酷地料峭地猛闪，在你的头顶眼前隐现！

……

除了那些知名人士，徐志摩还与很多激进青年学者为友。纯洁的友谊，让志摩渐渐淡却了独在异乡的凄苦。那些短暂如同人间烟火的美好时光，绚烂在志摩的记忆里，更绚烂在永恒的历史

第2章
前程新景:漂流异国他乡人

天空中。

英国的文化与风俗,伦敦的古典与优雅,康桥的唯美与纯净,罗素的精神,雪莱的诗歌,拜伦的浪漫,异域的风情反而让这个漂泊的游子找到了灵魂的归宿。

他迅速地成熟着,蜕变着,在文学的耳濡目染中他渐渐放下了金融之梦,向着自由、浪漫的理想之路远航而去。他的新诗创作,也由这里开启。

第3章 旷世绝恋：爱如歌般委婉

1 倾城绝恋动心弦

滚滚红尘中,总会有那么一个人,在人生的某个路口等着你。或是枯草荒芜的荒烟古道,或是青石板铺就的落雨小巷,仅仅是那一瞬的目光相遇,所有前世今生的情债便如江海波涛汹涌而来。

1920年9月15日,担任"国家联盟"的中国"国际联盟同志会"理事的林长民在欧洲游历了五个多月之后到达了英国伦敦。因为工作之需,他只好在这里定居。而与他同行的,是年方16岁的女儿林徽因。林徽因考入了圣玛莉学院(St. Mary's College),从此在那里开始了学习生涯。

林长民,字宗孟,曾经两度留学日本,和梁启超也是政坛好友,早在国内就听说过林长民大名的徐志摩,当然不会放过这么好的机会。在一次国际联盟协会的演讲会上,陈西滢、章士钊和徐志摩一起去听林长民演讲。慷慨激昂的演讲,让徐志摩如痴如

第3章
旷世绝恋:爱如歌般委婉

醉。他抓住机会,结识了这位44岁的长者。两人虽然相差二十多岁,谈起话来却毫无隔阂,大有相见恨晚之意。相同的浪漫情调,相同的开明思想,让两个人很快成为挚友。也就是在这个时候,志摩遇见了那个他一生都无法忘怀的女子——林徽因,一生的情感纠葛,从那一刻开始颠覆。

林徽因原名徽音,出自《诗经·大雅·思齐》,是"美誉"的意思。正是如花的年华,此时的林徽因如同一朵含苞待放的金莲花,明眸皓齿,娟秀聪颖,亭亭玉立,娇美中又不失落落大方,本就有着江南女子底蕴,加上西方文化的熏陶,使她更具有女性的魅力。她自小就受到很好的教育,父亲林长民更是将她视为掌上明珠,他自豪地说:"论中西文学及品貌,当世女子舍其女莫属。"林徽因的一颦一笑,让一向追求自由爱情的志摩一见倾心。然而此时的他,身兼丈夫与父亲的双重责任,与林徽因,更是有着8岁的年龄之差。更何况,自己明媒正娶的妻子张幼仪相夫教子,孝敬公婆,从未有过什么过错,世俗礼教的压力也让志摩不得不辗转冥思。

然而最终,徐志摩还是选择了背叛,背叛传统的世俗礼教,背叛"父母之命、媒妁之言"的婚姻,同时也背叛了父亲对他殷切的期盼。在崇高、纯洁的爱情面前,一切都显得微乎其微了。

自由的飞鸟,用洁白的羽尖划破蔚蓝的天空。痴情的落叶,兀自眷恋光秃秃的枝干,在寒凉的冬风里自平地飞旋而起,自不量力地冲向天空。总会有那么一段命定的邂逅,幻化红尘里生死缠绵的情爱故事。

他们相遇在美丽的雾都,那个温暖的冬天定格为历史的永恒。

借着与林长民的友谊,志摩开始频繁地出入林家,甚至有一段时间每天都前去林家喝下午茶。他和林长民高谈阔论,谈政坛时事,谈古今文学,谈人生观,谈世界观,谈爱情观。他们甚至假扮一对情人,林长民扮成有妇之夫,徐志摩扮成有夫之妇,两个人互写情书,以情人的角度互相倾吐心声。

只是林长民无论如何也想不到的是,徐志摩真正渴望的情人,不是他这个健谈爽朗的小老头,而是他那才貌双全如花似玉的女儿。

林长民思念自己的情人,把所有的情思都发泄在了给志摩的"情书"里,而志摩将对林徽因的大胆恋爱与表白都写给了林长民,两个人一起品味"万种风情无地着,辽原白雪葬华颠"的感觉。

志摩的风流儒雅,也让林徽因渐渐有了好感,但她毕竟只是情窦初开的妙龄少女,关于爱情,她还不想过早地涉足,何况她也深知,父亲早已将他许配给梁启超的大公子梁思成,她是个知书达理的女孩子,乖巧懂事,她相信父亲为自己做好了选择。

很快,徐志摩就对林徽因展开了狂烈的爱情攻势。但是这个花季少女却吃不消徐志摩这样疯狂的追逐了,她有意逃避着志摩的追求,总是刻意避开他那灼人的目光。

多年以后,林徽因的儿子梁从诫在《倏忽人间四月天》中对母亲当时的心理进行了这样的分析与猜测:

第3章
旷世绝恋:爱如歌般委婉

母亲无论在精神上、思想上,还是生活体验上都处在与他完全不能对等的地位上,因此也就不可能产生相应的感情。(母亲后来说过,像她这么一个在旧伦理教育熏陶下长大的姑娘,竟会像有人传说的那样去同一个比自己大八九岁的已婚男子谈恋爱,简直是不可思议的事。)……

林徽因彷徨着,迷惑着。她敬重这位天才的才情诗人,也感动于他对爱情如此执着。只是少女的心扉,还不曾有过爱情的诠释。在无奈、惶惑与不安中,她不得不告诉父亲林长民。

若是放在常人身上,本来无话不谈的好朋友,却忽然得知他盯上了自己的女儿,想必一定会愤怒至极,甚至与其绝交,但是毕竟林长民是有文化教养的人,他并没有直接表达出自己的反对,而是将心中的不满融在笔墨之间。一方面,他不赞成徐志摩继续追求爱女,另一方面,他也深深地为徐志摩用情之深而折服。1920年12月,他用书信的形式来回应徐志摩对女儿如痴如狂的追求:

志摩足下:

长函敬悉,足下用情之烈,令人感悚,徽亦惶恐不知何以为答,并无丝毫mockery(嘲笑),想足下误解耳。星期日(十二月三日)午饭,盼君来谈,并约博生夫妇。友谊长葆,此意幸亮察。

敬颂文安。弟长民顿首,十二月一日。徽因顿候。

仿佛是怕这位年轻气盛的朋友心灵上受到太大的打击,林长民还在信末附言"徽因顿候"。虽然林家父女都没有做出明确的表态,但是他们已经很委婉地拒绝了徐志摩。然而也正是因为没收到直接的拒绝,志摩始终对林徽因心存侥幸。他相信爱情,相信直觉,相信林徽因会是他一直等待的女神,他用诗一样的浪漫,来想象爱情的美好。

他是彻底地爱上了她,为了这高尚而美好的爱情,他愿意付出任何代价。

冰清玉洁胜幽莲

林徽因成了徐志摩所有心魂之所在,他灼热着,痴狂着,深深地陶醉在了他的爱情世界里。

林徽因也渐渐为徐志摩的真情所打动,他们畅谈文学、诗歌、艺术,在康桥的斜阳里,在泰晤士河畔的金柳下,在那些浓墨重彩的岁月里,他们一个狂野,一个矜持,一个浪漫,一个羞涩,一个洒脱,一个懵懂,一个是如火如荼怒放的金凤凰,一个是冰清玉洁含苞待放的玉芙蓉。

虽然年仅16岁的纯情少女,还无法像志摩那样可以毫无顾忌地许下无数海誓山盟,但仅仅是那相互对望的目光,就足以让志摩不计后果地为之癫狂。

情窦初开的懵懂少女,还不知爱情为何物。然而越是那样的天真,越是那样的纯洁,就越是打动志摩的心。林徽因迟疑着,迷感着，她不知该做怎样的回应，只能以友人的身份，来回应志摩如火灼烧的爱情。

许多年以后，当她历尽人世的苦辣酸甜后，才终于顿悟16岁那场浪漫的相遇：那一晚我的船推出了河心，澄蓝的天上托着密密的星，那一晚你的手牵着我的手，迷惘的星夜封锁起重愁……

迟迟没有得到林徽因明确表态的徐志摩，纵然是一向的乐天派，也燃起了无尽的愁思。他爱恋着她，然而她绝于尘世的美，又让他感到无助的距离感。在那些绵长的畅想与失落中，他开始写缠绵忧伤的情诗。

曾经在诗歌里，他把林徽因想象成飘逸灵动的云朵，而把自己想象成想要抱住云朵倩影却又无能为力的溪水。然而情家不幸诗家幸，也许正是那样哀婉的情思，铺开了志摩泛舟诗海的生涯。

正在志摩沉醉在林徽因的芳影里时，他的妻子张幼仪来看望丈夫了。当轮船渐渐接近法国马赛港时，张幼仪一眼从人群中认出身着黑色大衣、脖子上围着一条白丝巾的徐志摩。不是因为丈夫那张熟悉的脸，而是因为他写在脸上的不情愿。张幼仪曾回忆说："我晓得那是他，他的态度我一眼就看得出来，不会搞错。因为他是那堆接船人当中唯一露出不想到那儿的表情的人。"那时的张幼仪，心里已经有了不祥的预感。

看到妻子一如从前的打扮，徐志摩在心里越发鄙夷起来。他们乘火车前往巴黎，去赶飞往伦敦的飞机。仿佛是为了妻子能与时代接轨一些，也仿佛是为了掩饰心中小小的虚荣，他为妻子买

第3章
旷世绝恋：爱如歌般委婉

了几件时髦的衣服。然后两人一起乘上了从巴黎飞往伦敦的飞机。

几乎没怎么出过远门的张幼仪，第一次乘上了飞机。在飞机上，她因为气压的变化与机舱的不适而晕机呕吐起来。身为丈夫的徐志摩，本该送上暖心的安慰与帮助，然而满心嫌弃的他却在这个时候添油加醋，他不屑地撇撇嘴说，真是乡下土包子。

正在张幼仪伤心沉默的时候，徐志摩竟然也开始晕机呕吐了。仿佛是为了报复，张幼仪不禁脱口而出，我看你也是乡下土包子。两个人的冷战，从一见面就拉开了帷幕。

世人常说的"小别胜新婚"，并没有出现在这一对夫妇身上。对张幼仪，徐志摩只有无尽的冷淡。不久后，徐志摩因为学业的荒废与兴趣的转移，他在好友狄更生先生的帮助下从伦敦大学转到剑桥（旧译康桥）大学，夫妻二人也搬到离大学6英里的小镇沙士顿。在出国之前，张幼仪本打算继续完成被荒废的学业的，却不曾想到在这里成了一名名副其实的家庭主妇。她每天按时做家务，买米买菜、做饭、洗衣服、打扫卫生，辛勤地帮志摩维持着这个貌似温馨的小家。然而挥霍无度的徐志摩，只从徐申如寄来的支票中拿出很少的一部分，交给她来维持家用。

这对张幼仪来讲是不公平的，然而徐志摩对理想生活与完美爱情的狂热追求，却使他蒙蔽了双眼。他越来越看不惯这位"乡下土包子"，离婚的念头开始滋生，而且愈来愈烈。

面对发妻，志摩不得不收敛自己的行为。沙士顿与伦敦之间的距离，也让徐志摩无法每天都跑去林长民家。在张幼仪面前，徐志摩总是沉默寡言，但是他的朋友一来，他又变得生龙活虎，满嘴的话滔滔不绝。朋友一走，他又像断了电的木偶，死气沉沉，一言不发。这一切，张幼仪都看在眼里，痛在心中。她能明显地感觉到与丈夫之间那不可逾越的鸿沟，虽然她爱他，但是对于丈夫的冷漠，她也无可奈何。

越是面对张幼仪的传统与旧俗，徐志摩就越是怀念林徽因的秀美与才情。每天同床共枕的人竟不是自己灵魂的伴侣，那是一种怎样的痛苦与无奈！

空间的距离，无法阻隔心灵的相通。虽然志摩不能像以前那样每天光顾林家，但是他把千言万语都凝成了一封封情深意笃的信笺。为了避免张幼仪知道而节外生枝，徐志摩用一个杂货铺的地址来充当自己的地址，然后每天风雨不误地跑去取信、寄信。

无声无息的岁月，如那涓涓流淌的泰晤士河水，捧着闪耀的星子悄悄远去。为爱情而疯狂的徐志摩，终于决定要在张幼仪与林徽因之间做一个选择，他不能让心爱的女子一直与一个已婚丈夫相互来往，他要做一个抉择，给她最盛大最完美的幸福。

第3章
旷世绝恋:爱如歌般委婉

3 欢声含笑解婚结

相遇,相识,应是红尘辗转中的宿命。冥冥之中,命运自由安排。只是若为了爱,为了自由,纵是逆天之举,于一个痴情人来说,又有何不可。

他不要再与知心人相逢梦里,若得今生长相伴,不羡鸳鸯不羡仙。

光阴轮转,正在读中学的林徽因迎来了她的暑假。正在徐志摩以为有了更多与心爱之人接触机会的时候,林长民却安排林徽因跟随朋友柏烈特医生一家到苏格兰海边去度暑假了。林长民的用意很明显,他希望以这种方式来冷却徐志摩灼热的感情。

空间的距离对于一个诗人来说,似乎有着更加难以捉摸的美感与浪漫。这个翩翩才子并没有对爱情减少丝毫的热度,反而,他的狂热恋爱随着时间的脚步与日俱增。

无可奈何的徐父,只好做出提前回国的计划。但是他们都不曾告诉徐志摩,一切都在悄悄地准备着。

流年染指,记忆的丝线缝不住易逝的韶华。要大胆追求爱情与自由的徐志摩,决定要彻底脱离婚姻的束缚。

然而此时的张幼仪已经身怀有孕。得知妻子怀孕,徐志摩丝毫没有动摇离婚的决心,他冷冷地说,把孩子打掉。

在那个年代,医学远没有今天这样发达,打胎是一件危险的事情。她痛苦着说,我听说有人因打胎而死掉的呢。

然而这丝毫换不来徐志摩的同情,他以更加冰冷的口吻说,还有乘火车而死的呢,难道你就不乘火车了吗?

夫妻之间彻底冰封,张幼仪也对徐志摩失望至极。也恰巧是在这个时候,徐志摩邀请一位在爱丁堡大学的中国女留学生来家里吃饭。细心的张幼仪注意到她那双明显裹过的金莲小脚,看到徐志摩和她热情地聊天,张幼仪误以为这就是丈夫在外面爱上的女子。

朋友离开后,徐志摩问张幼仪觉得这位朋友怎么样。敏感的幼仪一下子想到女孩子那双娇俏的三寸金莲,以为丈夫要娶她,就说道,她看起来很好,只是小脚和西服不搭调。

万万没想到,徐志摩听了这句话后竟然像一头暴怒的狮子一样,咆哮着说,我就知道,所以我才想离婚。

而此时还抱有一丝幻想的张幼仪,还不想离婚。她爱徐志摩,是那种深到骨子里的爱。所有徐志摩愿意为林徽因所做的事,她也一样愿意为徐志摩去做。那是一种怎样的痛苦,我明明爱你至

第3章
旷世绝恋：爱如歌般委婉

极，而你却要置我于不顾。晚年的张幼仪曾经回忆说，在他一生当中遇到的几个女人里面，说不定我最爱他。尽管这段婚姻已经裂痕累累，但是要强的她还不想就此放手。

这一次徐志摩彻底被激怒了，他抛下怀有身孕的妻子，在一个星期后凭空消失了。独守失望、悲伤与痛苦的张幼仪，顿时觉得自己像是一把"秋天的扇子"。但她依然不甘心，哪怕有那么丝毫的希望，她也愿意继续等下去。直到有一天，徐志摩的朋友黄子美带来了徐志摩的口信，问她是否愿意做徐家的媳妇，而不做徐志摩的太太。一时间张幼仪没理解这话中的意思，正在她沉默的时候，黄子美又说，如果你愿意，那一切就好办了。徐志摩不要她了。

传统的父母包办婚姻，其实不是给儿子找太太，而是给父母找儿媳妇。徐志摩决定要离开父母的儿媳妇，去找一位真正的徐太太，去追寻属于自己的幸福爱情。

在日复一日的等待中，张幼仪终于顿悟了。她清醒地意识到，这段婚姻已经彻底走到尽头了，再没有什么值得留恋的了。腹中的胎儿在一天天长大，独在异国他乡的她顿感悲苦与无助。无奈之中，她只好给离她较近的二哥张君劢写信求助，告知了他自己的处境，并告诉他自己已经有了三个月的身孕。

在法国巴黎的张君劢很快给她回了信，他沉痛于妹妹的离婚，也为张家失去这么好的女婿而"如丧考妣"，同时又担心妹妹的处境，告诉她"万勿打胎，兄愿收养"，让妹妹"抛却诸事，前来巴黎"。

终于找到希望的张幼仪，立即打点行装去了巴黎。

经过了人生的悲欢离合，看清了人世的人情冷暖，张幼仪痛定思痛。回想从前的诸多地方，自己身上确实有旧式女子的影子。她决定要靠自己的双手来改变现状，从此不依靠任何人，自食其力。

张幼仪就像一只涅槃的凤凰，浴火重生。生活给予她的变故，她都冷静接受，然后化悲愤为力量，在苦难中奋发图强。后来七弟赶来，她又随着七弟辗转到了德国。1922年2月，张幼仪在柏林生下了第二个儿子，取名彼得。

儿子的出生，并没有挽回徐志摩的心。他不辞辛苦地追到了德国，以书信的形式，再次向张幼仪提出了离婚，并让好友吴经熊前去送信。他在信中说：

……无爱之婚姻无可忍，自由之偿还自由，真生命必自奋斗自求得来，真幸福亦必自奋斗自求得来，真恋爱亦必自奋斗自求得来！彼此前途无限……

已经做好决断的张幼仪，第二天就在吴经熊家见了徐志摩。当她提出要禀告家中父母的时候，徐志摩急不可耐地说，你晓得，我没时间等了，你一定要现在签字，林徽因要回国了，我非现在离婚不可。

直到此时，张幼仪才知道，原来徐志摩苦苦恋着的人是林徽

第3章
旷世绝恋：爱如歌般委婉

因。她最终在离婚文书上签了字，勇敢而决绝地斩断了这一段孽缘。她愿意放手，放彼此自由。

就这样，由吴经熊和金岳霖做证，徐、张二人正式签署了离婚协议。

如释重负的徐志摩，怀着一颗轻快与愉悦的心情写下了《笑解烦恼结——送幼仪》：

> 这烦恼结，是谁家扭的水尖儿难透？
> 这千缕万缕烦恼结是谁家忍心机织？
> 这结里多少泪痕血迹，应化沉碧！
> ……
> 来，如今放开容颜喜笑，握手相劳；
> 此去清风白日，自由道风景好。
> 听身后一片声欢，争道解散了结儿，
> 消除了烦恼！

这是他第一次为幼仪而写诗，也是最后一次。他将这首诗发表在了《新浙江》上，同年11月，《徐志摩张幼仪离婚通告》也在《新浙江》的副刊《新朋友》的《离婚号》上刊登出来。他向世人宣布"我们已经自动挣脱了黑暗的地狱，已经解散烦恼的绳结"，并称其为"可喜的消息"。

徐志摩这惊世骇俗的举动，瞬时在国内引起了不小的轰动。

这是中国近代史上第一桩文明、自由的离婚，他也因此被称为"中国近代离婚第一人"。当这个"可喜的消息"传到徐家时，徐申如夫妇顿时怒不可遏，但是毕竟鞭长莫及，再强烈的怒火也无法烧到远在天边的徐志摩。对儿子愤怒的同时，他们也更加心疼儿媳妇。老两口认张幼仪为义女，并支持她在德国留学，每月都按时寄去生活费用。

梁启超知道这件事后，作为老师，他立即致信徐志摩，告诫他"万不容以他人之苦痛，易自己之快乐"，不要为了"殆茫如捕风"的快乐而"予多数人以无量之苦痛"。同时又从徐志摩的角度出发，"恋爱神圣为今之少年所乐道"，但毕竟人生难测，"所梦想之神圣境界恐终不可得，徒以烦恼终其身已耳"。他告诉志摩不要沉迷于梦境，"死犹可也，最可畏者，不死不生而堕落至不复能自拔"。

然而早已为情癫狂的志摩哪里听得进去这些，在他的世界里，圣洁的爱情是没有什么能相提并论的。他不理解恩师的良苦用心，任何劝诫都被他当成通往自由爱情的阻碍。他告诉梁启超：

我之甘冒世之不韪，竭全力以斗者，非特求免凶惨之苦痛，实求良心之安顿，求人格之确立，求灵魂之救度耳。
……

他相信美好爱情的存在，相信自己只要突围而出，就能摘到

第3章
旷世绝恋:爱如歌般委婉

那颗幸福之星。他说,我将于茫茫人海中访我唯一灵魂之伴侣;得之,我幸;不得,我命,如此而已。

他相信自己做得没有错,只是世人都被世俗传统蒙蔽了自己的眼睛。他要去追求自己崇高、圣洁的梦想,用挑战与奋斗来为心灵圆一个美好的愿望。

4 湖心碧波轻舟漾

终于解开了烦恼结的徐志摩迫不及待地赶回英国伦敦,他急切地要向倾慕已久的人儿表白,他要把满腔的痴爱告知那颗爱恋的明星,填补灵魂的空缺:

我有一个恋爱——
我爱天上的明星;
我爱它们的晶莹;
人间没有这样异样的神明。
……

然而如他第一次来伦敦时扑了个空一样,这一次等待他的依然是失望,是林家父女的不辞而别。

第3章
旷世绝恋：爱如歌般委婉

志摩的心仿佛一下子被掏空了，那酝酿了一路的真情告白也被生生咽回肚子里。那种五雷轰顶的感觉，让志摩向往美好与幸福的心一下子跌到了情绪的谷底。林徽因留了一首诗给他，让他忘了她，忘了在这个世界上她的存在：

……

忘掉曾有这世界，有你；
哀悼谁又曾有过爱恋；
落花似的落尽，忘了去，
这些个泪点里的情绪。

到那天一切都不存留，
比一闪光，一息风更少
痕迹，你也要忘掉了我
曾经在这世界里活过。

与志摩的疯狂相反，林徽因一直都是清醒的，理智的。她深深地明白他们的境况，世俗的枷锁，一直都在牵绊他们的每一步，他们是逃不脱的。在活生生的现实面前，他们不得不低头。更何况，她有他的未婚夫，父亲与梁启超的"君子协定"是不可抗拒的事实。

她明白，其实志摩所热切求索的爱情，并非是实实在在的她，而是他用幻想编织的林徽因。

若与一个大自己八岁的成熟男人恋爱,对于年少的林徽因来说,该是多么不可思议的事。就像后来徐志摩飞机失事后,林徽因在《悼志摩》中自称是比徐志摩"年轻许多的一个小朋友",在她眼中,徐志摩是长辈人,是父亲的挚友。她对他,更多的是尊重、是敬仰,而不是如志摩那样张扬狂野的爱恋。

这一路的欢天喜地,这一路的期盼希望,在那一瞬都消失得无影无踪。霎时光阴静止,凝重的空气中仿佛有心生生被割碎的声音。

转眼间物是人非。那个向往美好、向往爱情、向往自由的诗人,在细碎的落寞与孤独中,只能寓情于景,将无限的思念、怅惘寄托在雾都美丽的风景里。他以一颗返璞归真的心来洞察大自然美轮美奂的晨昏变化,用纯真美好的情愫来感受三千自然界纯净唯美的风景。

直到这个时候,他才真正领会康桥的美,"那年的秋季我一个人回到康桥,整整有一学年,那时我才有机会接近真正的康桥生活。"志摩如是说。

在康桥美丽的风景里,他在自己最单纯的信仰里守望着一个人的日升日落。

大自然的灵性,渐渐侵入他的心灵里,他的骨髓里,诗性的灵魂被唤醒了。冬天温暖的迷雾,夏天清凉的阳光,四季的变换交织着岁月的涛声。他迷恋春天那荒谬的可爱,陶醉于"四五月

第3章
旷世绝恋：爱如歌般委婉

间最渐缓最艳丽的黄昏"，那黄昏是寸寸黄金，点亮了他低落的情绪，也从此点亮了诗人的灵感。

那绝于尘世的美，是一服灵魂的补剂，让所有孤独的时光开始有了甜蜜的味道，原本悲苦的寂寥翻身化成了蜜甜的闲暇。一晚又一晚的，志摩出神似的倚在桥阑上向西天凝望，看一回宁静的桥影，数一数螺钿的波纹。

康桥的美，治愈了志摩心中的伤。他时常站在友居的楼上凝望，晚风拂着他的脸颊、鬓角，闪烁的星光在他眼睛的金边上跳跃。对面的草场上，"不论早晚，永远有十数匹黄牛与白马，胫蹄没在恣蔓的草丛中，从容地咬嚼，星星的黄花在风中动荡，应和着它们尾鬃的扫拂。"

桥的两端有斜倚的垂柳与椈荫，柔美的倩影倒映在清澈的河水里。那水如同凝碧的翡翠，在微凉的夜风里放纵着水草的招摇。志摩渐渐习惯时常去那绵软的草地上坐着，或者读书，或者看水，或者仰卧着看天空的行云，或者反扑着搂抱大地的温软。

最惬意的，应是泛舟在那碧波荡漾的康河中。每逢礼拜天，总会有几个"专家的女郎，穿一身缟素衣服，裙裾在风前悠悠地飘着，戴一顶宽边的薄纱帽……拈起一根竟像没有分量的长竿，只轻轻的，不经心地往波心里一点，身子微微一蹲，这船身便波的转出了桥影，鱼似的向前滑了去。"

一向不安分的志摩当然会忍不住试一试。然而船桨到了他手中，却怎么也不听使唤了。一向聪明伶俐的他，却输在了撑船上。

那一丈长、三尺宽的船，总是被他横住在河中，狼狈不堪地东颠西撞。

记不清有多少次，志摩那横冲直撞的船搅乱了河中原本悠闲的秩序。一向文雅风度的英国人是不会轻易开口笑人的，但是志摩却害怕看到他们不出声的皱眉。不服输的志摩跑回去再租船，常常会有一个白胡子的船家劝慰地对他说："先生，这撑船费劲，天热累人，还是拿个薄皮舟溜溜吧！"但是要强的他哪里肯听，最终"篙子一点就把船撑了开去，结果还是把河身一段段的腰斩了去"。

初夏的阳光在柔柔的波心里反射出一串串的金光，槐花香在和煦的暖风里游走着，那沁人心脾的味道夹在历史的书页里，连同那些最美的记忆，定格成一张泛黄的老照片。生命的焦距，放大寂寞的光圈，那些一个人走过的日子，诠释着最美丽的愉悦与忧伤。

志摩说，"单独"是一个耐寻味的现象。他把它当作是任何发现的第一条件。"你要发现你的朋友的'真'，你得有与他单独的机会。你要发现你自己的真，你得给你自己一个单独的机会。你要发现一个地方（地方一样有灵性），你也得有单独玩的机会。"那些一个人的清晨，那些一个人的黄昏，那些挣脱了凡尘与康桥独处的日子，成就了诗意的灵魂，他发现了它的真，发现了它最纯粹最动人的美，那种紧扣心弦的感觉，让他为之兴奋，为之沉沦。

初夏时阳光渐暖的日子里，志摩会划一只小船去桥边荫下躺着，或者捧一本书细念，或者仅仅是为做一个温馨浪漫的梦。听

第3章
旷世绝恋：爱如歌般委婉

那追逐夏月的风声，看那亲吻船舷的鱼儿。所有生活中的苦痛、烦闷、拘束、枯燥，在那一刻都飞去了九霄云外。在康河的柔波里，在那绝对的孤单里，他找到了自信，找到了生活的意义，找到了爱的真谛。

越是沉醉，越是迷恋，越是不知该用怎样的语言来形容。他想在这世界上寻找一个像样的词、像样的句子来形容心中的康桥，然而他又怕，怕描坏了它，怕说过分了恼了它，怕说太谨慎了辜负了它。

灵动的诗意，叩响了生命的暮鼓晨钟。陆放翁沉醉于"传呼快马迎新月，却上轻舆趁晚凉"的风流自在，志摩在康桥"虽没马骑，没轿子坐"，却也有他自己的风流自由。他在金灿灿的夕阳西晒时骑了车迎着天边扁大的日头直追"，虽然那夕阳是追不上的，但志摩追上了最美的风景，追上了心灵感受于大自然的召唤而迸发的希冀。他曾经追到一个地方，"手把着一家村庄的篱笆，隔着一大田的麦浪，看西天的变幻。"也曾经"正冲着一条宽广的大道，过来一大群羊，放草归来的"，看到"偌大的太阳在它们后背放射着万缕的金辉，天上却是乌青青的，只剩这不可逼视的威光中的一条大路，一群生物"，他"心头顿时感着神异性的压迫"，他情不自禁地跪下了，那种如痴如醉的感情让他不能自已。最让他难忘的，是有一次"临着一大片望不到头的草原，满开着艳红的罂粟，在青草里亭亭像是万盏的金灯，阳光从褐色云斜着过来，幻成一种异样紫色，透明似的不可逼视。"

那一年的韶华,是志摩短暂的一生中最惬意的一段时光。那一年他寻觅着,历练着,思考着,沉淀着。康桥的灵性,让他深感"我的眼是康桥教我睁的,我的求知欲是康桥给我拨动的,我的自我意识是康桥给我胚胎的"。他在纯美的诗歌里,赋予了大自然最高贵的颂扬,大自然也赋予了他诗人的魂魄,没有凡尘间柴米油盐的困扰,也没有人际间尔虞我诈的纠纷,生命的灯盏,开始燃烧起非凡的意义。

第4章 剑桥流年：轻薄的愁云

1 一缕悠然康桥梦

如诗如画的康桥,无数诗情缱绻的清晨与黄昏,那些灵动的光影,依然会时时让志摩念起曾经如幽莲的倩影。那脉脉如秋水的眼眸,那多情无心的一笔,让这个多情的诗人甘愿葬在无休止的对爱、美与自由的追逐里。

那思念如火般灼烧起来,烧红了康河里浮游的梦,烧红了志摩追寻理想的脚步。

1922年的春天来临,志摩由剑桥大学皇家学院的特别生转为了正式研究生。皇家学院评价他是"持智守礼,放眼世界"。然而为情感所束缚的他,并没有把这当成多么重要的事情。

在剑桥学习期间,他没有完成什么研究计划,也不曾完成过任何学术论文。本来,他可以轻而易举取得博士学位的,但是此时的他对学位已经没有什么兴趣了,就像当年轻易地就放弃了美

第4章
剑桥流年：轻薄的愁云

国哥伦比亚大学的博士学位一样，这一次他又毫不在乎地放弃了英国剑桥大学的博士学位。

那些年纯净的阳光，若有若无地悬浮在一个冗长的梦里，仿佛触手可及，在后来的日子里成了永恒的奢侈品。

他的信仰很单纯，他所苦苦追求的，无非只有三个：爱、自由、美。然而仅仅是这样单纯的信仰，这样渺小的渴求，在混沌的世俗中他依然无法实现。徐志摩的一生，都在为感情而奔波，每一次转折，都是感情所系。

正如他在1924年秋天在北京师范大学所做的题为《落叶》的演讲中所诠释的那样，他是一个信仰感情的人，也许天生就是一个感性的人。窗外的风声，枣树上的枯叶，三千自然界里每一样事物，在他的眼中都是有呼吸的。"我的思想就像树上的叶子，时候不到不会掉下来；时候一到，再加上风的力量，它们就一片一片地往下落。也许它们已经没有了生命，枯了、焦了，但也许有几个还留着一点秋天的颜色，比如枫叶是红的，海棠叶是五彩的。"纵观其一生，都在为感情所羁绊着。

丰富的感情给了他丰富的世界，给了他生命的线索，那是一种经纬，把原来分散的个体组成有文章的整体。浪漫的他甚至认为"拒绝感情或压迫感情，那是犯罪的行为"。

光阴荏苒，与林徽因分别已近一年。杳无音信的林徽音，给了志摩无边的牵念与美妙的幻想。曾经的相遇，曾经的相识，那些美好的时光再度浮上心头。他思念着，徘徊着，虽然人在剑桥，但是那颗向往美好的心早已随着林徽因的倩影回国去了。

他思念着心爱的女子，也思念着阔别已久的故乡。不知他不在的日子里，父亲的白发新添多少，母亲的皱纹又增几丝？千言万语，他只能对着静谧而美丽的康桥倾诉："康桥，谁知我这思乡的隐忧？"

志摩是信赖感情的人，他的翅膀会追着感情的方向一路飞去。正如志摩自己所说，他这一生的周折，大都寻得出感情线索。"已过了四度春秋，浪迹在海外，美土欧洲"，思念的煎熬，徐志摩最终决定回国。什么学位，什么前途，什么礼教，在理想面前全都变得一文不值。

在离开前，他再次来到熟悉的康河边，那熟悉的草坪，熟悉的尖顶教堂，熟悉的阳光，啄食的麻雀，吃草的马儿，甚至每一滴雨露，每一口空气，一切都是那样的熟悉。

曾经与心爱之人一起走过的碧荫小路，如同记忆的电影在眼前一次次地回放。他要去寻觅她，并在心里暗暗地决定，明春新杨梅上市时节，一定要携着知心人的手含笑归来，一起感受这里诗意的美。临别康桥，他满怀眷恋与憧憬，写下了一百多行、一千多字的《康桥，再会吧》：

康桥，再会吧；
我心头盛满了别离的情绪，
你是我难得的知己，

第4章
剑桥流年:轻薄的愁云

……

盛满记忆的康桥,是志摩灵魂的知己,本是要归乡土的诗人,这时候却又像是离家赴远的游子了。辞别挚爱的康桥,志摩收拾行囊,终于踏上了回国的行程。

1922年8月,乘上了日本三岛丸远洋客货轮,志摩心中感慨万千。时值八月流火,清凉的风夹着海浪的咸潮迎面而来。面对天海一色的波澜壮阔,他千万次在心里描绘理想的蓝图。

轮船迎风破浪,在经过法国马赛港的时候,许是流浪四年的脚步让他疲惫了,许是见到的冷漠太多了,一颗漂泊的心开始沉郁起来,仿佛那阳光也变得迟重了。在沉重而又归心似箭的心情中,他提笔写下了《马赛》:

马赛,你神态何以如此惨淡?
空气中仿佛释透了铁色的矿质,
你拓臂环拥着的一湾海,
……

越是沉郁的心,越是会有满腔诉不完的诗情。面对苍茫的大海,他几乎想要呐喊,让心灵里的翅膀迎风生长,带着他冲向理想的天空。那些漂泊在外的日子,让他看够了人世的黑暗,一颗纯净的心是受不得那样的蹂躏的,难得真挚人情的他,只好高呼

"不如归去"。

微凉的海风奏响岁月的风铃,那颗纯净无瑕的心躲在光阴的一隅,残酷的现实总是让它卑微而落寞地颤抖着。

船行至地中海,看到风稳日丽的美景,数着调皮的浪花,志摩想到古老的欧洲文明。这个文明的摇篮,承载了多少古老的历史?无数的帝王、英雄、诗人、僧侣在这里出现,他们用各自不同的角色,演绎着灿烂的历史,编织了无数的传说。

在万千的感叹中,志摩再次挥笔,将无处倾诉的话融在了这篇《地中海》中:

海呀!你宏大幽秘的音息,不是无因而来的!
这风稳日丽,也不是无因而然的!
这些进行不歇的波浪,唤起了思想同情的反应——
涨,落——隐,现——去,来……
……

亘古不变的地中海,以她宽容、博大的胸襟孕育了无数的灿烂文明,千百年来,她永远保持着不变的姿势,呼啸的浪花,壮阔的海面,光阴能将石头磨成碎片,却无法让海的生命干涸。

逝者如斯夫,不舍昼夜。时间的光影攒动,明亮的月轮渐渐丰满,光阴的指针指向了农历八月十五。这是祖国的节日,是团圆的节日,然而月圆人不圆,一颗忧伤的心,看明月似乎也忧伤了:

第4章
剑桥流年:轻薄的愁云

秋月呀!

谁禁得起银指尖儿

浪漫地搔爬呵!

不信但看那一海的轻涛,

可不是禁不住她一指的抚摩,

……

　　漫长的行程,漫长的等待,一天天,志摩孤守着回家的执念,他希冀着,期盼着,他要快点赶到她的身边,实现在心底许下了千万遍的诺言。

2 泪染韶华诗者情

等待的时光总是那样漫长,仿佛每一分钟、每一秒钟都是痛苦的煎熬。当祖国的气息越来越浓,志摩的心也渐渐活跃起来。

漫天遨游的海鸥,欢笑着击打白色的水花。咸咸的海风里,洋溢着熟悉的味道。那是故乡的亲情,是阔别了四年的浓浓的乡情、国情。经过二十多天的海上航行,1922年农历八月二十四,轮船终于抵达了上海。熟悉的高楼,熟悉的街道,熟悉的熙来攘往的人群,熟悉的乡音,熟悉的一草一木,每一个细节,都在扣动着志摩敏感的神经。

回到家里,见到阔别四年的亲人,明显苍老的祖母、父母亲,还有已经5岁的儿子,他不禁心潮起伏。想起离开时,自己的豪情壮志与亲人的殷切期盼,他再不是曾经立志要做中国的汉密尔顿的徐志摩,更不是曾经发誓要光复祖国山河的小小少年。虽然

第4章
剑桥流年:轻薄的愁云

自己才名颇显,但毕竟违背了父亲的初衷。欢儿怯生生地叫着自己"爸爸",他却几乎不曾尽过做父亲的责任,面对亲人,他激动着,兴奋着,却也惭愧着。

虽然儿子没能如自己所愿进军金融界,虽然他在外面两度放弃了唾手可得的博士学位,虽然他和自己最中意的儿媳妇离了婚,虽然他荒废了学业让家里的愿望落空,但毕竟,他的体内流着徐家的血液,他是自己的儿子,骨血相连的父子情,让徐申如也不能再说什么,千言万语汇成四个字,回家就好。

在家里清闲时,白发苍苍的老祖母还带他到普陀寺去烧香。缭绕的香味,似乎让他追忆起许多年少的过往。那些天真烂漫的日子,而今一去不复还。

每个人一旦染指了成长的年轮,所有纯真的快乐便统统打上了发霉的印记。

相聚的日子总是很短暂的。还没团圆几天,志摩就在九九重阳的那天晚上随父亲北上了。虽是同路,但父子两人却有着不同的目的地。徐申如要前往南京参加南京成贤学舍的佛学大师欧阳竟无先生的讲学活动,而志摩则是应恩师梁启超之邀去南京的东南大学讲授中国政治思想史,并作一些专题讲座。

正好时间充裕,志摩就先陪同父亲一同到了南京。然而每天的听讲学、记笔记却又让这个不安分的诗人烦闷不已,要知道在剑桥大学那些舌灿莲花的教授的课,志摩都经常不去听的。何况志摩记挂着自己的心事,他此次回来的主要目的,就是能与心爱之人结成连理。他想先一步离开,然而又不知如何对父亲开口。正在他迟疑不决的时候,他接到了老师梁启超的长子梁思成的来信,他受时任清华文学社成员的梁实秋之托,邀请徐志摩赴清华大学文学社演讲。终于有了离开的理由,志摩立即接受邀请,辞别父亲欣然前往。

这是徐志摩自海外回国后艺术生涯的开端,也是他一生中的一个转折点。

十月的北京,正是秋高气爽的时节。瓦蓝的长空像一首绵长的老京剧,红墙绿瓦中透着历史的气息。徐志摩的才名,在他还未归国时就已为许多文人墨客所熟知。在清华大学高等科的小礼堂里,此时早已坐满了慕名而来的听众,小小的礼堂里黑压压的,足足有二三百人。他们要耐心而又焦急地等待着,要亲眼目睹这位剑桥归来的翩翩才子的风采。

片刻后,这位激情澎湃的诗人终于翩然而至。那也是梁实秋与徐志摩的第一次见面,在梁实秋的记忆中,徐志摩白白的面孔,长长的脸,鼻子很大,而下巴特长,穿着一件绸夹袍,加上一件小背心,缀着几颗闪闪发光的纽扣,足蹬一双黑缎皂鞋,风神潇洒,旁若无人。

在志摩身上,有一卷典雅的中国书卷味道,而同时海外的履历也让他有着浓厚的时代气息。

他的演讲题目是"艺术与人生",他以牛津大学的方式,将事先准备好的讲稿用英文宣读了一遍。只是太过于理想化的志摩,

第4章
剑桥流年:轻薄的愁云

并没有考虑到这里不同于牛津大学的境况,一方面在场的许多人对英语的了解极少,另一方面纵使是懂英文的人也不喜欢这种方式。很多人都是抱着很大的期望而去,结果却是失望而归。他们无法理解徐志摩所讲的内容,因此这次演讲也没有多大的回响。"那天听众希望的是轻松有趣的讲演,听众并没有准备听英语讲演,尤其没有准备听宣读讲稿。至少不是英语的宣读讲稿,所以讲演一开始,后排座的听众便慢慢'开闸'。我勉强听完,但是老实讲我没有听懂他读的是什么。"这不仅是梁实秋的印象,也几乎是在场所有人的印象。

后来这篇讲稿经由当时在北平逗留的郁达夫之手发表在《创造季刊》第二期上,依然是英文的。据梁实秋说,内容很通俗,并没有学术研究的意味,实在不必用"牛津的方式"。无可置疑的是,这一回的演讲是失败的,听众都很失望。

不过不管这次演讲的影响如何,徐志摩的收获还是不小的。这是他回国后第一次在国人面前展露诗人的风采,也为他打开了中国艺术的天窗。此后,徐志摩开始在中国的文坛上大显身手,徐志摩这个名字也渐渐响彻中国的大江南北。

在落叶的京城,徐志摩终于见到了他日思夜梦的人儿。然而当他得知林徽因已经与梁思成恋爱时,顿时如五雷轰顶。

回国后的林徽因继续回到培华女中读书。在与徐志摩分别的日子里,她曾被徐志摩的才情所迷惑的心渐渐苏醒开来。在光阴的波澜里,她懂得了梁、林两家的交情,也明白了父亲的良苦用心。风流倜傥而又不失稳重的梁思成，也更让林徽因倾心。她渐渐明白，敬仰与爱情是不同的，对徐志摩的感情，只是敬仰，而对梁思成，才是纯粹的爱情。

整整一年的等待与希冀，一瞬间都没有了任何意义。志摩无法相信这样的事实，他不相信自己抛弃婚姻和学位，冲破重重的世俗阻碍，最终却换来这样的结果。他悲伤，痛苦，愤懑，感慨，可怜这一颗孤独的心，该如何掩埋呢？悲情如斯，在这样惨淡的心情中，他写下了盛满凄苦的《一星弱火》：

我独坐在半山的石上，

看前峰的白云蒸腾，

一只不知名的小雀，

嘲讽着我迷惘的神魂。

……

曾经美好的梦境破灭，取而代之的是这凄苦的现实。老怀表在旧光阴里嘀嘀嗒嗒，像极了泪水敲打寂寞的声音。然而这么大的打击，依然没有让这个有浪漫梦幻的诗人放弃渺小的希望。只要林徽因还没有直截了当地拒绝他，他就觉得还有一丝希望。那希望如黑夜里仅存的一丝弱火，颤巍巍地跳动着，随时可能会熄灭。

不久后，经过梁启超老师的介绍与安排，志摩进入了位于北京西单牌楼石虎胡同七号的北京松坡图书馆第二分馆工作，并担任该

第4章
剑桥流年：轻薄的愁云

馆的英文秘书。在工作的热情中，志摩渐渐转移了悲苦的情绪。

1923年的暑期，南开大学开办了一所暑期学校，徐志摩与老师梁启超都应邀前去讲学。徐志摩充分利用了这个机会，积极传播文学、诗歌等内容，为了激发学生对新诗的兴趣，他还要求学生翻译英文诗歌。

与世界的潮流渐渐接轨的北京，此时也和欧美国家一样流行起了生日派对、文艺沙龙等丰富的社会活动，那些走在时代最前沿的青年人频频相聚，徐志摩也自然乐于参与。很快，这个乐天派的浪漫诗人就从恋爱的阴影中走了出来，他的诗作也开始广为传诵。

3 痛失祖母心如绞

沉浸在工作、聚会与游玩的快乐中,徐志摩心灵上的伤口渐渐愈合。友情与文字的力量拯救了他,也是这个浪漫主义与理想主义的诗人自己拯救了自己。

转眼到了1923年农历的七月初七,民间称之为"乞巧节",传统上这是女孩子们的节日,她们会在那天晚上摆上时令瓜果,朝天祭拜,向美丽的仙女祈求灵巧的双手与美满的姻缘。在新旧冗杂的民国时期,旧时的文化传统固然浓厚,新兴的文化气息也渐渐繁荣。青年人总是时代的先锋,他们勇于尝试新事物,给沉闷的生活寻求一些新鲜的刺激。

节日往往是交游最好的理由。那一天志摩和很多朋友去了山海关游玩,看那迂回曲折的绕登角山的柄贤寺,望那残圮的长城如巨龙似的翻山越岭,隐入烟霭的迷茫。等到他们尽兴而归,回

第4章
剑桥流年:轻薄的愁云

到北戴河海滨住处,已经是半夜了,他们还打算天亮四点钟上莲峰山去看日出。

仿佛是一种心理感应,志摩忽然想到会不会有自己的信。于是他赶紧去问。果然,差递说有一封电报。在那个年代,电报都是紧急时候才会用的。听到是电报,志摩忽然有种不祥的预感。

感觉是一种很奇怪的东西,骨血相连的亲人,就算你走到天涯海角,在心灵上往往会有一种相通的感觉,这就是亲情,融进骨子里的亲情。志摩看了那封电报,呼吸仿佛在那一刻凝固了,上面只有6个字:

祖母病危速回

心知不妙的徐志摩,立即打点行装,在第二天一早赶上六点的车到天津,经过一天等待的煎熬,才赶上晚上的津浦快车。心急如焚的徐志摩,正嫌路远车慢,半路又发了洪水冲坏了铁轨,火车停了十二个多小时,直到第三天的中午才过江,然后又上了沪宁车,本来他可以到站后直接转沪杭的夜车的,结果车又晚点了,不多不少的正好晚了一分钟。志摩的车进站,沪杭的车就鸣的一声叫出站了。心焦如焚的徐志摩在那一刻甚至想夺窗而出,奈何行李又困住了他的脚步。然后又是漫长的等待与煎熬,直到8月22日中午才到家。

到家里才知道,祖母是突然患了中风而病倒的。"她的病是脑充血的一种，中医称为'卒中'（最难救的中风）。她十日前在暗房里踬仆倒地，从此不再开口出言。"

已经84岁高龄的老人，迟迟不肯合眼，似乎就为等着孙儿归来好见上最后一面。志摩一路上都在担心会见不到祖母的最后一面，好在他终于赶在老人合眼之前回到了家中。

见到祖母的一刹那，志摩心神恍惚，看到祖母安详的睡容，他几乎不相信这就是垂危的祖母。然而残酷的事实告诉他，这是真而切真的。他想起曾经的林林总总，小时候，他总是喜欢跑到祖母的床前，甜甜地叫一声"奶奶"，祖母也总会回应一声，然后伸手到床里摸一个蜜枣或是三片状元糕来给他，然后他再叫一声"奶奶"，就跑出去玩了。那样可爱的时光，却再也不会回来。

老祖母终于在见到孙儿的面后，心满意足地安详而去。

每个人都是这样，在别人的笑声中哭着来，走完生命的旅程后又在人们的哭声中笑着去。人活百世，最重要的是在临走时可以对着前尘往事说一声今生无悔。徐志摩的祖母一直是精明干练的，嫁到徐家后一直恪尽职守，把家里的大事小事都处理得井井有条。她劳碌了一生，用青春换来子女们的健康成长。这位慈爱的老人成了志摩心中永远的挂念，也在志摩的文字里给后世人留下了永恒的猜想。

生活中总是有很多相似的情结，它让你产生无尽的联想，那种感觉就像是穿透了前世今生的界限，陌生而又熟悉。

徐志摩第一次经历的亲人的离去，还是二十年前祖父的去世。

第4章
剑桥流年：轻薄的愁云

那时候小志摩还不满六岁，正是天真烂漫的时候，整天和私塾里的老先生念着"之乎者也"的拗口古文。关于死亡，那时的他还不知如何诠释。他清晰地记得祖父去世时的场景，楼下有奔走的急步声、碗碟声、唤婢仆声、隐隐的哭泣声，各种声响交织成一片混乱的悲伤。小小的志摩在一种恐惧中慢慢地挨近祖父的病榻，"他接着又说了好几句话，随讲音随低，呼气随微，去了，再不醒了，但我却不曾亲见最后的弥留，也许是我记不起，总之我那时早已跪在地板上，手里擎着香，跟着大众高声的哭喊了。"

记忆越是清晰，那痛彻心扉的感觉也就越是清晰。决堤一样的悲痛在志摩心里开始泛滥，他提起笔，给好朋友陈西滢写了一封信：

我的祖母死了！从昨夜十时半起，直到现在，满屋子只是号啕呼抢的悲音，与和尚、道士、女僧的礼忏鼓磬声。二十年前祖父丧时的情景，如今又在眼前了。忘不了的情景！你愿否听我讲些？

……

许是沉痛压抑的心情，志摩最终没有写完这封信，也没有寄出去。后来在日记本里发现这封信，当时的悲痛再次浮上心头。满怀对祖母的哀思与追念，志摩写下了真挚感人的《我的祖母之死》：

……

　　我的祖母，在那旧式的环境里，到我们家来五十九年，真像是做了长期的苦工，她何尝有一日的安闲，不必说子女的嫁娶，就是一家的柴米油盐，扫地抹桌，哪一件事不在八十岁老人早晚的心上！……她爱我宠我的深情，更不是文字所能描写；她那深厚的慈荫，真是无所不包，无所不蔽。

……

　　在悲痛的同时，志摩也深深地敬佩这位 84 岁的老人，为她一生的辛勤劳碌与任劳任怨发出由衷的赞美。他为拥有这样一位祖母而备感骄傲，也为操劳一生的祖母而深感心疼。

　　碧落黄泉，天人永隔。心的沉重，是因为承载了太多的悲伤。那悲伤如同奔涌的洪流，淹没了曾经朝夕共处的光阴。感恩的心在泪水中绽放爱的灵光，徐志摩只能在满腔的哀悼中为祖母送上最后的祝福，愿她的灵魂在天国安好。

第4章
剑桥流年:轻薄的愁云

4 人间画境西湖游

在为祖母守孝期间,徐志摩有了更多的闲暇时间。一向好动的他,自然是闲不住的,他经常邀几个好友,在风景秀丽的江南水乡消遣时光。

这一段时间里,他的生活态度也骤然变了许多,虽然不能从忧愁变为快乐,但至少也是从沉闷转为活泼。在一个阳光明媚的日子,徐志摩将游船收拾干净,找了沈叔薇等一群人,出去游玩。

那个愉快的日子似乎是一个开始,让挚爱大自然的徐志摩在两片红色的枫叶中寻到了别样的韵味。此后,他经常和朋友们一起游山玩水,或是寻红叶,或是去松亭里喝烧酒,或者划着船到菱塘买一堆青的红的菱角来吃,有时也会带一些回家给母亲吃。

转眼间又是农历的八月十五,徐志摩本打算到胡适之那里去赏月的,结果时间又晚了,便临时决定泛舟西湖。患上了痔瘤的胡适之，从那一年的6月就请了一年假，在杭州烟霞洞休养，徐志摩便经常前去探望。

若隐若现的明月，满天堆紧的迷层层的乌云，似乎把中秋的信息悄悄隐藏了起来。又是一年春华成秋碧，徐志摩忽然想起去年从英国归来时的情景。那时候明月高悬，却是月圆人不圆，一时间心酸的感觉几乎让他落泪。

也许很多人都是这样，身在苦难中往往能坚强地撑过来，然而回首往事的时候又往往为曾经的自己心疼得想流泪。

在清华开好了房间，大家就立即坐车到楼外楼去了。皎皎月轮终于在云层里奋战而出，满身挂着胜利的霞彩。看到彩云逐月的美景，志摩喜不自胜，不禁大叫起来。

那样美的月亮，像极了他心中的理想，不畏层云，用满腔热忱为着爱的希望而奋战。他想要喝个大醉，然后到梦里去访中秋，寻团圆——梦里是什么都有的。也许在梦里，他就不会处处为冰冷的现实所寒心，在梦里，他可以牵着知心人的手，共赴美好的理想之旅。

站在美丽的白堤上眺望静谧的西湖，遥望那皎洁的玉兔。月华笼地，仿佛满世界都是那银色的清辉。然而没多大一会儿，刚刚拨开云层的月亮又被乌云吞没了。浪漫又可爱的诗人着急了，他为明月祈祷着，希望它快点战胜云魔，若能让乌云尽快放开月亮的清辉，给他们这些爱月的人深沉的陶醉，他就情愿"在三个印月潭和一座雷峰塔的媚影中做一个小鬼，做一个永远不上岸的

第4章
剑桥流年:轻薄的愁云

小鬼"!

守望着天上与心里的明月,志摩和朋友们雇了船,一直向湖心进发。在三潭印月,他们上了岸,买了栗子、莲子来吃,坐在九曲桥上谈天说地,评古论今。

夜风悄悄吻着苏堤的垂柳,岁月的光晕在那个中秋渐染成美好的眷恋。那时的雷峰塔还没有倒掉,那时的西湖边也没有吵闹的众多游客。那时的西湖,有着最纯净的美,古老而静谧,在白娘娘与许仙的传说中扬着清高而娟秀的眉毛。在那夜的月色中,徐志摩和朋友们谈理想,谈爱情,谈他最单纯的信仰。

若能沿着历史的年轮回溯,在那一夜的风景里,你会看到最纯净的西湖,和最纯净的诗人。那样唯美的境界,那样干净的情结,在物欲横流的今天,又有几人会拥有呢?

第二天,他们起来时已经不早了,志摩便和绎义一起去烟霞洞看望胡适之。路上,他们一起去逛了雷峰塔。"这塔的形与色与地位,有说不出的神秘的庄严与美。塔里面四大根砖柱已被拆成倒置圆锥体形,看看危险极了。"那时的雷峰塔还是建自北宋(公元977年)的,近千年历史的烽烟在它身上涂抹了无数的岁月痕迹。也许那时雷峰塔的岌岌可危,就在预示着第二年(1924年)的轰然倒塌了。

轿夫告诉他们,"许状元的坟就在塔前的湖边,左首草丛里也有一个坟,前面一个石碣,说是白娘娘的坟。"一向都充满着儿童一样的好奇心的徐志摩,当然不会放过这个机会。然而没想到满路的荆棘挡住了去路,他也只好望坟兴叹了。

充满梦幻情调的徐志摩,为白蛇与许仙的传说而感叹。他感叹那历史上悲剧的爱情,也许,他也想到了自己凄苦的爱情。他将所有的感情融在诗里:

那首是白娘娘的古墓,
(划船的手指指着蔓草青处)
客人,你知道西湖上的佳话,
白娘娘是个多情的妖魔。
……

在那个兵荒马乱的时代,总会有一些走投无路的可怜人做起行乞的事来,但行乞也要讲究方法,正所谓是三百六十行,行行出状元,要想做到行乞事业里的状元那也是要有一定法子的。而兴致盎然的志摩就遇见了这样的人。先是在雷峰塔下面,他们遇见了七八个鹄形鸠面的丐僧,一看到他们就一齐张起身上的破袈裟,念佛要钱。这位乐天派的诗人见了这场景,反而觉得这倒颇有诗意。然后在上桥的时候,他们又看到一个人,手里握着一条一丈余长的蛇,叫着放生,说是小青。善良的志摩不禁动了心,给了两角钱。然而他又担心等不到夜里它又落到那人的手中。

很快到了烟霞洞,浓浓的桂花香沁人心脾。志摩忽然想到,好几年不曾闻到这香味了。出乎他们的意料之外,胡适之和高梦

第4章
剑桥流年:轻薄的愁云

旦一早去游花坞了。两人只喝了一碗茶,捡了几张估计是香樟的大红叶,就急急地下山了。

此后在家的日子,志摩一直忙于和朋友们的游玩与聚会。诗朋墨友之间互相请客,书生意气在葡萄美酒中舒展得酣畅淋漓。他们在繁华的大上海聚会,在狭小的游船里宴饮,在庄严肃穆的天宁寺感受一两百和尚的礼忏,在美丽的盐官镇海塔下观看动人心魄的涨潮。在这段时间,徐志摩与胡适的友情也迅速笃厚起来,他们互相钦佩着,也互相敬重着。

热爱交游的徐志摩,还曾经与胡适、朱经农步行到民厚里121号拜访郭沫若。那时的郭沫若"手抱褴褛儿,跣足,敞服(旧学生服),状殊憔悴,然广额宽颐,怡和可识"。进去的时候本来田汉也在的,也是抱着个小孩,但似乎是看到郭沫若这里有客人来便马上离开了。

一代文豪郭沫若,在生活上是不拘小节的。他的屋子很狭窄,里面堆满了乱七八糟的东西。好几个小孩子在里面玩耍着,一会儿这个摔倒了,一会儿那个又号哭了,郭沫若就只好哄哄这个又哄哄那个。孩子们都说着日语,而不是汉语。在厨房里隐约有木屐声音传来,志摩猜想,大约是他的日本妻子了。

刚刚寒暄坐定,成仿吾也从楼上下来了,因为几个人说话不太投机,主客之间仿佛结了冰,徐志摩感觉怪怪的。五点半的时候他们告辞回家,一路上胡适为这次不愉快的拜会而感到惊讶,而那时的郭沫若家里还是非常整洁的,与郭沫若谈起话来也很开心。徐志摩倒是很理解,毕竟忙于工作的郭沫若家里并不富裕,"其情况必不甚愉适"。

第二天,郭沫若带着大儿子去徐志摩家回访,这次的聊天轻松自然了许多。在了解到郭沫若的穷困潦倒后,深感同情的徐志摩还写下了《灰色的人生》一诗。

与朋友们的欢聚,冲淡了志摩痛失爱情与痛失祖母的悲伤。秋高气爽的季节,风平浪静的西子,美好的时光在志摩的指间涓涓流淌。

岁月的痕迹,以一种眷恋的姿态停留在他的文字里,书香如蝶,那些浩瀚的字海里镌刻着爱的永恒。

这一段美好的时光,在志摩的笔下成了具有重要历史与文学价值的《西湖记》。他在文中把这一段生活的结束时间定在1923年10月28日,经农走了,而此时的胡适也要回上海,志摩自己也要离开家乡了。他不禁怅然,"沉沉的宇宙,我们的生命究竟是个什么东西?我又摸住了我的伤痕。星光呀,仁善些,不要张着这样讥刺的眼,倍增我的难受!"

第5章 文坛舞墨：
诗意人生如画境

1 他如夏花般绚烂

大千世界里每一个生命都是一卷传奇,在岁月的罅隙中顽强而骄傲地生长着,生如夏花之绚烂,纵然有一天生命陨落,也当如秋叶之静美。

印度的大文豪泰戈尔在那个年代已经是誉满天下的人物,就算你问一个十几岁的学生最喜欢的英文诗歌是什么,他也会毫不犹豫地念出几句泰戈尔的诗歌来。那些年如火如荼怒放的青春,在飞鸟中追逐着毕生渴望的自由,在新月里寻觅着唯美的花开世界。

泰戈尔被称为现代印度百科全书的哲人,早在1913年就获得了诺贝尔文学奖,1915年,他的诗歌被介绍到了中国,并很快传遍了大江南北。面对由梁启超和林长民等人主持的讲学社的来华邀请,他欣然接受。

当徐志摩听说泰戈尔将要来华的消息时,他几乎欣喜若狂,

第5章
文坛舞墨:诗意人生如画境

被邀请作为泰戈尔的英文翻译,他更是感到殊荣备至。全国的各大报社争相报道这一消息,许多人都抱着满怀的崇敬与仰慕期盼着泰戈尔的到来。

能够为自己仰慕的人做一些事情,那是最幸福的时刻。纵然是毫无酬劳的辛苦,也是心甘情愿的。徐志摩认真而热情地做着每一项准备工作,他先后写下了《泰山日出》、《泰戈尔来华》、《泰戈尔的确期》等文章,一面表达自己的仰慕之情,一面也时刻向那些沉陷在"泰戈尔热"中的人们传达关于泰戈尔的最新消息。

他希望泰戈尔崇高的精神品质可以洗涤国人的心灵,正如他在《泰戈尔来华》中所说:"我们所以加倍欢迎泰戈尔来华,因为他那高超和谐的人格,可以给我们不可计量的慰安,可以开发我们原来淤塞的心灵泉源,可以指示我们努力的方向与标准,可以纠正现代狂放恣纵的反常行为。"

那时的泰戈尔,已是64岁的老人。当他的朋友听说他要来中国时,都纷纷劝阻,让他注意身体。但他最终还是兑现了自己的诺言,在1924年春暖花开的4月,泰戈尔乘坐的海轮来到了上海汇山码头。

徐志摩及同来的瞿菊农、张君劢、郑振铎、郁达夫以及文学研究会、上海青年会、江苏省教育会、时事新报馆的代表等早就在码头迎候了。

精神矍铄的泰戈尔穿着一袭棕色长袍,头上戴着红色柔帽,银白色的胡须在风中轻轻飘动着,双手合十,宛若飘逸的仙客从天而降。

那种飘然的笃定,那种纯净的淡泊,是潜藏在灵魂深处的生命之原态,没有功名利禄的熏染,没有尔虞我诈的纠纷,在历尽了人生的大风大浪后,那种与生俱来的恬淡越发闪耀出生命的光辉。

那是生命最原始的状态,每一个人都曾经有着那样纯真的情怀。只不过,纸醉金迷的岁月、灯红酒绿的生活让他们失去了最原始的纯真,原本透明的心灵向着扭曲、混沌的状态发展开去,生命的意义在他们的灵魂里也就发生了本质的变化。

来到上海的泰戈尔,先是受到了上海印度人士、上海以张君劢为代表的文艺界友好人士以及上海文学研究会等团体的热烈欢迎,泰戈尔在表达了谢意之后,做了来华后的首次演讲。

这位年逾花甲的老人,带着饱满的精神与热情,在众人的陪同下开始了在中国的讲学与游历。他们先从上海南下至杭州,游览了风景如画的西湖,在灵隐寺做完题为《飞来峰》的演讲后又回到上海,然后至南京、济南,做完演讲后就马不停蹄地乘火车北上至京。

火车进站的汽笛声在众多的等候者听来是那样的悦耳动听与激动人心。梁启超、蔡元培、胡适、蒋百里、林长民、陈源等学界、政界名流已经守候多时,当看到苍髯满颊的泰戈尔从火车里款款而出时,所有人都情不自禁地鼓掌欢呼起来。

4月末的北京,空气里有淡淡的花香,春风是一个调皮的孩

第5章
文坛舞墨：诗意人生如画境

子，在温暖的阳光里来来回回地摇着杨柳的嫩枝条。有时会有悠然的蝴蝶飞过，像一个超脱尘世的哲人，在喧嚣的世界中扇动着一对淡泊文雅的翅膀。

在这一段时间里，泰戈尔频繁接到来自各个学校和机构的邀请，各种演讲、宴请让这位白发老人忙得不可开交。

也是在这个时候，徐志摩终于又见到了他日思夜梦的人。每次泰戈尔做演讲，徐志摩作为翻译必随左右，而林徽因作为新月社的成员，又是林长民的掌上明珠与梁启超未来的儿媳妇，也参与了接待工作。这个娇艳如花的女子，在徐志摩原已静下的心湖上再度激起了层层涟漪。对理想的执着，让他再度沦陷在对爱情的追寻中。

参与接待工作的，还有一位重要的女子——凌淑华，她当时是北京大学的学生，也是在这个时候与徐志摩、陈西滢结识。

1924年5月8日是泰戈尔的64岁生日，徐志摩与北京学界安排了一场特别的祝寿会。胡适之作为主持，并以十九张名画和一件名瓷为寿礼，另外，他们还赠予泰戈尔一个中文名字"竺震旦"，象征着中印文化的完美结合，同时也意味着对泰戈尔崇高的敬意与高度的赞扬。一枚刻有"竺震旦"几个字的大印章，也在一阵雷鸣的掌声中交到了泰戈尔手上。

祝寿会以泰戈尔的名剧《齐德拉》的上演而走向高潮。为了尽量展示剧情原貌，并表达对泰戈尔的敬意，话剧全程用英语演出。

这是一个完美的爱情故事。齐德拉是国王的独生女儿，为了让她像儿子一样传承国家大业，齐德拉从小就受到王子的训练，这使得她成为了远近闻名的女英雄。有一次在山林中她见到了邻国的王子阿俊那，并一见钟情。齐德拉有生以来第一次意识到自己缺乏女性应有的美丽，在爱情的折磨中她苦苦祈求爱神赐予她美丽的容貌，哪怕只有一天。爱神终于被打动了，赐予齐德拉一年的美貌。貌美倾城的齐德拉终于赢得了阿俊那王子的心，并喜结连理。善良的公主不愿一直冒充美人，然而又怕王子知道后会离开她。后来她得知王子一直倾慕邻国的英雄公主，欣喜的齐德拉祈求爱神收回了美貌，阿俊那王子终于知道原来身边的妻子就是自己倾慕了许久的英雄公主。

在这幕剧中，林徽因饰公主齐德拉，张歆海饰王子阿俊那，徐志摩饰爱神，林长民饰春神。美丽的舞台上隐隐映出"新月"影像，表达了新月社对《新月集》的作者泰戈尔崇高的敬意与深深的谢意。这一切让这位远道而来的老人深受感动。

也是在这幕话剧演出后，关于徐志摩与林徽因"金童玉女"的传说越来越盛。徐志摩风流倜傥的仪表与名动一时的才情，林徽因温婉秀美的容貌与如水横溢的才气，也让世人深感他们的般配。捕风捉影的信息，添油加醋的描绘，更是引来了那些爱看热闹的中国人的围观。

最善于捕捉桃色新闻的记者们当然不会放过这个可以吸引国人眼球的新闻，徐、林二人的情事自然频频见报。

第5章
文坛舞墨：诗意人生如画境

经济利益的驱使，让很多报刊、记者们超越了道德的底线，他们用唯恐天下不乱的眼睛紧紧瞄着世界各地的每一个角落，只要有那么一点儿的风吹草动，他们就会大张旗鼓地开始炒作，他人的名誉，总是被利益的大脚踏为齑粉。这是一种与媒体行业共生的现象，无关于时代，无关于地域。

2 无言轻轻话离别

光阴荏苒，不觉中泰戈尔已经来中国一个多月了。大大小小的演讲，他发表了有三四十次。顾不上旅途的劳顿，泰戈尔一心致力于中国与印度文明的发展与繁荣。他赞扬中国辉煌灿烂的古代文明，提出了孔孟之道的诸多优点。

然而在那个思想冗杂的年代，很多人被先进的西洋文化蒙蔽了双眼，他们看不到自己的先祖们流传下来的文化精髓，将那些精华思想视为糟粕。泰戈尔的赞扬与提倡，让他们颇具反感。于是一部分人开始反对、批判泰戈尔，认为这个从英国的殖民地来的老头子太过于守旧与顽固，甚至一些激进的青年人在报纸上公开用激烈的言辞指责他。

诗人都是敏感的。有时候一只扇动翅膀的蝴蝶，也能在他们

第5章
文坛舞墨：诗意人生如画境

的思维里造成席卷人生的风暴。泰戈尔渐渐感觉到了反对派们的不欢迎，虽然身边的人对他作出了一些解释，但伤害就像钉在木板上的铁钉，纵然拔掉了依然会有痛过的痕迹。再强大、坚强的心，也不可能在受到伤害之后还能当作什么都没发生一样。

是那些左倾冒进、不顾后果的激进人群，伤害了这位白发苍苍的老人。

他不顾亲人、朋友、医生的劝阻，不顾万里行程的劳苦，甚至一次次放弃休息的时间，为这些异国他乡的人做着一场场动人心魄的演讲，不为利禄，也不为功名，只为古老的华夏文明与印度文明的传承，他愿意做这两大文明的纽带，不求任何回报，只希望能用自己满腔的赤诚来感召青年们真挚的同情，用年轻的力量一起扛起文化传承的重任。

然而他终究是失望了。那种满怀希望而来，却迎面被泼了一头冷水的感觉，让这个老人深感痛心。他只能寄希望于未来，希望真挚的感情会在未来的某一天爆发，让文明的火种传递下去，不要再被那些利欲熏心的人蹂躏、践踏下去。

为此事，徐志摩在5月19日写下了《泰戈尔》，一面是对泰戈尔的赞扬与敬重，一面也希望唤醒那些被蛊惑的国民。他用一种呐喊的声音告诉世人，泰戈尔永远指点着前途的光明。人与人之间的猜忌，颠覆了人们善良的本性，让那些污秽的心里只剩下误解的蔓草、毒害同情的种子，却没有了收成的希冀。

这种意外的待遇，让本就身体不适的泰戈尔更觉懊丧。他不再演讲,而是冷静地计划下一步的行程。

5月的北京,正是繁花烂漫时节。茵茵碧草争相饮着甘甜的雨露,在温暖的阳光里悄然生长着。暖暖的和煦的风,引着一股股甜丝丝的花香钻入人们的唇齿。

面对中国的现状,这位东方的文学泰斗只能沉默。他计划着下一步去山西,他要在那里寻求合作,开展农村建设计划。

在北京的最后几天,徐志摩陪同他游览了北京的名刹法源寺。袅袅佛家香火,仿佛在沉默中诉说着人生的真谛。也许生命本无对错,只是欲望的驱使让人们永远有着无尽的痛苦与悲愁,放下了欲望,才能拾起真正的人生。

法源寺里丁香花的馥郁芬芳也留不住诗人匆忙的步履。5月20日的黄昏,在徐志摩的陪同下,泰戈尔乘上了去往山西太原的火车。

许多人前来送行。一声声珍重,让离别的情绪染上了悲伤的泪水。这一别,不知再见何年。谁都不知道,哪一声再见会一不小心成为永别,对于离别的悲伤,是每一个人都不愿承受却又总是不得不承受的。

当火车的汽笛声宣布了这场离别的开始,徐志摩透过车窗用一种含泪的笑容向众人挥别。人群随着距离渐渐模糊,那些人似乎都成了透明人,只有那个熟悉的倩影依然无比清晰。林徽因这个名字,她的音容笑貌,她的一点一滴,早已成了他心灵里不可或缺的一部分,随着记忆的远行,在心底愈刻愈深。

第5章
文坛舞墨：诗意人生如画境

就在前几天，林徽因告诉他，她就要和梁思成一起去美国了，这一去也许就是三年五载。错愕不已的徐志摩简直不敢相信这么令人绝望的消息，这些天与林徽因的相处，本来已经让他重新燃起了爱情的希望，没想到这么快就又被无情的现实生生焚毁。

火车渐行渐远，窗外的景物逐渐由繁华变为苍凉。徐志摩的心里久久不能平息，那种刻骨铭心的痛在一点点剥蚀他的心魂。文字永远是最懂人的知己，他默默地拿出纸笔，开始给心爱的人写信：

我真不知道我要说的是什么话，我已经好几次提起笔来想写，但是每次总是写不成篇。……

泰戈尔的助手恩厚之注意到了徐志摩反常的神情与举动，他明白这个看似潇洒的诗人一定是有什么痛苦的心事。就在他揣测着徐志摩的内心世界的时候，神情烦乱而沮丧的徐志摩似乎又不知该如何写下去了，他干脆将笔一丢，拿起没有写完的稿纸就要揉毁。

手疾眼快的恩厚之看到眼角含泪的徐志摩，立刻大叫一声："徐志摩哭了！"一把将稿纸夺了过来，那封未完的信笺，也就在恩厚之手中完好无恙地保存了下来。

一路的风景与谈笑，渐渐冲淡了离别的悲伤情绪。到山西后，他们与时任山西督军兼省长的阎锡山会面，在听到泰戈尔的合作计划后他立即表示赞同,并且许诺晋祠一带的土地给他们做试验基地,让山西教育厅厅长冯司直承办具体事宜。

满怀希望的泰戈尔怎么也不会想到,他的农村建设计划最终因为军阀混战而胎死腹中。当然,这是后话。在完成了这一项任务后,徐志摩陪同泰戈尔经过汉口到达了上海。

1924年5月29日,泰戈尔做完最后一次演讲后在徐志摩的陪同下一起离开了上海,东渡日本。

日本是一个多地震的国家,当他们到达日本东京时,这里刚刚经历了一场毁灭性的大地震。然而顽强的日本人团结一致,丝毫不畏灾难的恐怖。那种顽强与团结的精神深深地感染了徐志摩。他多希望国人也可以这样团结一致地面对国情,用坚强的民族之魂来复兴华夏。少年时代的报国志愿,在心中竟悄无声息地再度燃起。然而百无一用是书生,满怀愤慨的徐志摩只能以笔为刃,用豪迈激烈的言语来唤醒国人的斗志。

日本女子的勤劳朴实,也让这个多情的诗人产生了深刻的眷慕。在离开日本时,他写下了著名的《沙扬娜拉——赠日本女郎》,他所歌颂的,不仅仅是某一个日本女郎,更是美丽而勤劳的日本女子广泛的形象,她代表了那个平凡而伟大的人群,善良、勤俭,纵然地位卑微,也要活出自己唯一的风采。

盛夏7月,泰戈尔与徐志摩离开日本,在经过香港时两人依依不舍地分手。

这一段深刻而伟大的友谊,跨越了年龄与国度的界限,给彼

第5章
文坛舞墨：诗意人生如画境

此的生命都留下了不可磨灭的印记。这也是徐志摩最开心的一段时间，感情的陶冶，视野的开拓，以及心爱之人所带来的希冀与快乐，一切的一切都让这个信仰感情的诗人终生难忘。

泰戈尔也深为徐志摩周到的接待与诚挚的友谊深深打动。他在回国后，将数次发表的演讲整理为《在华谈话录》，书的扉页上写着：

感谢我友徐志摩的介绍，得与伟大的中国人民相见，谨以此书为献。

千山万水阻隔不了深厚而伟大的友情。两人分别后一直书信相通，泰戈尔还赠予徐志摩一个印度名字"素思玛"，徐志摩就经常用这个名字与泰戈尔通信，在称呼上也由原来的敬称"泰戈尔先生"转变为亲昵的"老戈爹"。

这是一段有着历史意义与民族意义的伟大友谊，它建构了中国文化与印度文化的桥梁，两位伟大的诗人，用他们特有的方式彼此传递着文化的气息，让文明的火炬得以传承，让那些源远流长的文化精髓在历史时空里如盛开的繁花常开不败。他们的友情与贡献，被永远地载入了史册，流芳万年。

3 仙人石上听夜鸮

泰戈尔走了,那些与泰戈尔谈笑风生的快乐日子也一并走了。几个月前的期盼、激动、兴奋,被夏日灼热的阳光蒸发成了若隐若现的落寞与空虚。

林徽因走了,曾经为爱情复燃的希冀之火也彻底熄灭了。那一段最美好的时光,在7月的南国氤氲、渗透、埋藏在徐志摩的心底,午夜梦回时,宛若茫茫前世的一个唯美的梦。

迷茫而惶惑的心,让徐志摩觉得灵魂似乎空掉了。残酷的现实再一次将他单纯的信仰与梦想击得粉碎。

燥热的空气,有一种让人发疯的冲动。志摩决定去庐山,用大自然不加雕琢的淳朴秀美来治疗心灵的创伤。

诗人都是热爱生活的,因为爱,所以在看到生活中的丑陋与

第5章
文坛舞墨：诗意人生如画境

污秽时才会那么痛。大自然永远是宽宏而多情的，它用自己博大的胸襟，容纳并治愈了千千万万颗受伤的心灵，就像一个天使，始终在每一个人身后守候着，不管你是否曾注意到，只有你受伤的时候，它才用自己温暖的羽翼，无私而温情地将你护卫在它的怀抱中。

传说在商周时期，有一位叫作匡裕的奇人在庐山学道求仙。后来周天子获悉此事，便屡次派人邀他出山相助。然而不慕功名的匡裕不但屡次拒绝，还把家搬到了大山深处。后来周天子又派人去寻找，却怎么找也找不到他了，只剩下一座空空的房子。人们都传匡裕是得道成仙了，因为他留下了一个空房子在山里，人们就叫那座山为"庐山"或者"匡庐"，到宋朝时因为避宋太祖赵匡胤的讳，就将"匡"字抹去，只叫"庐山"了。

庐山自古就是诗人们遣情游赏的胜地。唐代大诗人李白曾惊叹于庐山瀑布的壮美神奇，写下了"飞流直下三千尺，疑是银河落九天"的千古佳句；白居易被贬九江时登庐山排遣抑郁心情，惊叹于"人间四月芳菲尽，山寺桃花始盛开"的奇景；北宋著名哲学家周敦颐在这里倾情歌颂"出淤泥而不染，濯清涟而不妖"的高贵莲花。苍润高逸的庐山也是著名的避暑胜地，我国伟大中华人民共和国的主要缔造者和领袖毛泽东同志一生钟爱庐山，一方面是因为这里清静秀美，一方面也是南国的酷暑时节庐山清凉如仙境的原因。

徐志摩住在庐山的小天池，背靠雄奇峻险的五老峰，面对烟波浩渺的鄱阳湖。当他置身于钟灵万象的美景中,他为大自然的鬼斧神工惊呆了。那不可摇撼的神奇,不容注视的威严,那幽远的苍天,磅礴的景象让他深深地倾倒了。

诗意的灵性在心间跳动,在惊叹与迷恋之中,志摩挥毫写下了饱含深情与赞美的诗篇《五老峰》:

不可摇撼的神奇,

不容注视的威严,

这耸峙,这横蟠,

这不可攀援的峻险!

……

对于浪漫的诗人徐志摩来说,奇美壮丽的大自然永远是最好的疗伤解药。与友人分别的忧伤与失恋的痛楚在这里渐渐烟消云散,庐山的人间仙境让他深深地陶醉其中。

当夜幕降临,漫天绚烂的星子散逸奇异的光辉,夜风悄悄地亲吻着寂寞的窗棂,志摩会在清凉的夏夜里漫无边际地踱步。走累了,就坐在清凉的石头上小憩,凝望那天上的月轮,聆听夜鸮与夜僧合奏的妙乐。

三千功名都做了尘土,万般烦恼都化了云烟。那些柴米油盐的琐事似乎都随风而去了,只剩下宁静的夜与一颗淡泊的心。

如果说庐山的秀美与神奇让志摩的心灵得到了初步的治愈与

第5章
文坛舞墨：诗意人生如画境

平静，那么庐山石工的号子声则彻底让他的心从痛楚中苏醒过来。

在庐山的一个多月，徐志摩几乎每天都能听到石工的号子声。那声音时缓时急，时断时续，时高时低，在云雾缭绕的山谷里回响着，苍凉而不悲伤，如同强劲的风暴在志摩心底席卷，那颗信仰感情的心在这声音里感动着，钦佩着，同情着，沉沦着。

那些处在疾苦生活中的人们，那些尘世里为生活而苦苦打拼的劳动者，让志摩彻底从儿女情长的琐事中苏醒了，一种发自肺腑的同情与悲悯，让这个善良的诗人为那些工人们感到深刻的心酸。敛神凝听，他甚至怀疑，那究竟是人间痛苦的呼吁，还是自己灵魂里的悲声？

豪壮的号子声在幽深的山谷里荡出阵阵回音。志摩不禁想起一首歌——《伏尔加船夫曲》，那歌中的神韵与这扣人心魄的号子声简直像极了。伏尔加河畔的纤夫齐心协力，向着太阳拉起生命的纤绳，和这些勇敢勤劳的石工们为生活的苦难而奋力拼搏几乎毫无二致。

澎湃激昂的心，在那一瞬爆发出一种奇异的灵感。如果说曾经的那些诗文都是"阳春白雪"，那么这一次灵感的杰作就可称为"下里巴人"了。满怀对石工的尊重与同情，徐志摩写下了《庐山石工歌》：

我们早起，看东方晓
鄱阳湖低，庐山高

我们早起,看白云飞

天气好,上山去

……

虽然这首诗并没有像《再别康桥》那样风靡一时,甚至很少为世人所知,但这是徐志摩在情感上的一个里程碑。曾经沉醉在风花雪月的浪漫里,曾经萎靡在爱情破灭的悲伤中,此前的徐志摩始终是社会名流里的上层人士,然而在他听到石工的号子后,心灵深处最柔软的善良被轻而易举地挖掘出来。他开始同情那些劳苦的人们,为那些社会最底层的人而感到深深的不公与悲悯。他看到了社会的黑暗,人们彼此猜忌着,信任成了人际的奢侈品,道德被无情地践踏、摧毁,仁、义、礼、智、信成了五具苍白的尸体,随着社会的洪流淹没在尔虞我诈的斗争中。

他希望用文字的力量来唤醒那些躺在冷漠的冰床上酣睡的人们,散文诗《毒药》、《白旗》、《婴儿》也在这种感情里相继诞生。

当受伤的心灵被庐山的钟灵与石工的勤朴治愈后,徐志摩在流火八月回到了北京,担任北京大学的教授,并且继续主持新月社的社务。

风景依旧的燕园,沉静无痕的未名湖,如往昔车水马龙的街道,那些熟悉的风景再度勾起徐志摩的感伤。

有时候你以为你的心伤已经彻底治愈的时候,一点点简单的牵引,就很容易把曾经的爱与痛再度掀开。越是你想确定自己是

第5章
文坛舞墨：诗意人生如画境

否忘记的时候，你反而会记得越清楚。

若能在感伤与寂寞中遇到知己，那真是人生一大幸事。当志摩遇见凌叔华时，所有的心里话就都情不自禁地涌了出来。

虽然此时的凌叔华已经有了心上人陈西滢，但文人墨客善良的天性让她忍不住去关心这个失恋的多情诗人。

书信总是最好的打开心扉的金钥匙。他们通了两个月的信，徐志摩将她视为红颜知己，所有的喜怒哀乐都与她倾诉，就算自己的家事都毫不避讳。面对凌叔华，徐志摩的话总是如开了闸的洪水一样滔滔不绝。

他请求她做他的"通信员"，能够永远保持这段纯粹的情谊，给心灵一个自由的空间。

那些沉淀在心底的话，那些无处倾诉的话，那些原以为会永远烂在心底的话，此时终于找到了倾诉的对象。那种快乐，如同纷纷扬扬的小雪花，轻盈而唯美。

他和她抱怨，"写家信最难，比写考卷还难，提着笔就是不知写什么好——除了问候妈妈便是问爸爸要钱！"

他向她剖析自己，"我的坏脾气多得很，一时也说不尽。"

他对她倾诉自己的心愿，"最满意最理想的出路是有一个真能体会，真能容忍，而且真能融化的朋友。"

一生都在寻找知己的徐志摩，在遇见凌叔华后似乎才真正地敞开了心扉。她成了他灵魂的倾听者，温柔地为他擦拭心灵的伤口，安慰他无处倾诉的孤独与寂寞。

4 西风潇潇凋落叶

萧萧落叶宛若翩翩起舞的金蝴蝶,在燕园的林间小径恣意飘扬。那一年的光阴仿佛被飞舞的落叶染成了耀眼的金色,在历史的星河闪烁着奇异的光彩。

烦闷的心情似乎永远追随着年轻的学生们,不论哪一个时代。少年不识愁滋味,却总是刻意地制造一点愁云笼罩的氛围,故作深沉地在额前鬓角堆上忧郁的愁容。风吹落叶,雨打芭蕉,那种若有若无的愁丝便布满了他们的整个心房。

回到北京没多久,徐志摩就受到北京师范大学的邀请,前去为学校的学生做一场演讲,旨在消除他们的烦闷情绪,调动青年学生的积极心与热情,让他们抛开那些自以为是的小忧伤。

当时的徐志摩也是处在一种忧伤的情调中,但他依然有着积

第5章
文坛舞墨：诗意人生如画境

极乐观的心态。因而在听到查先生说"我们学生的生活很枯燥很闷，我们要你来给我们一点活命的水"后，心里不禁为之一动，便欣然前往。

他演讲的题目是《落叶》。慷慨激昂的演讲词中，不禁饱含着他的人生观与生命的信仰，更饱含着他对青年学生们所寄予的深切期望。他要用那些生活中随处可见的事物，来唤醒青年学生的斗志，让他们恢复学生该有的热情洋溢与积极奋进。

烦闷就像一张巨大的黏稠的恐怖的蜘蛛网，将人们遮在了隔断阳光的灰色空间里。人与人之间似乎都隔了不可逾越的鸿沟，信任与道德在这灰色的生活里渐行渐远。唯有青年的热血，才能割破这恐怖的蛛网，让心灵返璞归真，回到最初的纯真状态。

他是信仰感情的人，生命中每一项重大的决策，都是听从着感情的安排。无论是先天的感情，还是后天的感情，它们都是一种经纬，将原来分散的个体组织成有章有序的整体。每一个人都应该循着感情的线索，给生命一个自由的空间。在志摩眼中，拒绝或是压迫感情，就像是压住了泉眼不让自由的水向上冲，那是一种犯罪的行为。

他热烈而深沉地爱着生活，爱着大自然的一草一木，一花一叶。他爱那自由飞旋的落叶，也会为落叶离枝而感伤。那些夹在书页间的红叶、黄叶、绿叶，就像定格在胶片上的瞬间，成了他对爱的永恒见证。

不久前在庐山悟出的对大自然的深情，在那个小小的演讲台倏忽燃放。他慷慨激昂地诠释对大自然的热爱之情，用自己的实际经验告诉青年学生们到大自然中去生活、去沐浴是摆脱烦恼的最好途径，在唯美的大自然中，你会将自己纯真的个性发挥得淋漓尽致，自由才会得到最好的诠释，生命才会得到最好的绽放。

他想起东渡日本时，看到日本国民不畏地震的毁灭性灾害，万众同心共同建设美好家园的意志与刚强。他把这种精神传递给青年学生们，让他们抛开百无聊赖的小感伤与小寂寞。那些处在水深火热中的人们，那些被列强侵占的大好河山，无一不在等待着他们的拯救。

庐山石工的号子，也在他的心里产生了巨大的震撼，那震撼时时刻刻提醒着他生活中的苦难，那些为了生存而劳碌奔波的人总会让他止不住地心疼。当落叶凋零，他想到在饥荒贫苦的社会里会有多么可怕。那些穷苦的老头、小孩在寒冷的街角瑟瑟发抖，秋天的来临让温暖成了他们无法企及的奢望。

那些社会最底层的可怜人，那些黑色的悲剧让志摩深深地意识到是社会这张网已经有了巨大的漏洞，道德、政治、宗教、文艺都在人们的自私与腐朽中破产了，人们的心胸成了蠹虫的家，谎言在整个社会里肆虐，乌烟瘴气的世界让真、善、美失去了生存的空间，到处是灵魂受污染的悲苦与人们疯掉的狞笑。那种可怕而悲惨的声音让人不寒而栗。

悲剧的世界中，人们不肯承认自己的罪恶，总是在别人身上挑着各种毛病，彼此间推卸着责任，用虚伪而肮脏的双手不计后

第5章
文坛舞墨:诗意人生如画境

果地扼杀着纯真的灵魂。在看到这样的惨剧后,徐志摩犀利地指出人们只有在公正的阳光下承认自己的罪恶、不洁净、苟且、懦怯与卑鄙,高举祈祷的火焰,运用忏悔的泪水才能救赎自己的灵魂,才能让虚伪、混沌的社会返璞归真。

勇敢地承担自己犯下的罪恶,才是救赎的最好方式,也是唯一的方式。因为"我们自身就是我们命运的原因"。

在演讲的最后,他用英语高呼"Always with a positive attitude towards life!(永远用积极的态度去对待人生)"来宣告演讲的结束,满腔的赤诚与对青年学生们的期望在那一刻如烟花绽放,让在场的每一个人都深受感动与鼓舞。

激情的演讲,让志摩有一种释放心灵的快感。为了快点摆脱烦恼与忧伤的束缚,他再一次投身到繁忙的社交活动中。那些觥筹交错的场合也果然有效,他不仅很快就做回了曾经的乐天派诗人,而且还新结识了不少好朋友。

王赓是一名军人,字受庆,江苏无锡人,毕业于清华大学,曾留学于美国普林斯顿大学,后又以优异成绩考入美国著名的西点军校,曾与美国前总统艾森豪威尔为同班同学,回国后任职于北洋陆军部,同时也是梁启超的得意门生。同为梁启超的学生的徐志摩,也自然和王赓结为好友。

王赓有一位漂亮又多才多艺的妻子,名唤陆小曼,原名眉,祖籍江苏武进,1903年生于上海。父亲陆定,字建三,清末举人,曾留学日本帝国大学,回国后先后任中央政府的参事、赋税司长等职，并加入同盟会。陆小曼自幼受到良好的教育，幼年时在上海的幼稚园读书，八九岁时随母亲到了北京与父亲一起生活，并在北京法国圣心学堂读书。在她12岁时，父亲还专门请了英籍女教师教他英文。陆小曼聪颖好学，十五六岁时就已经能熟练掌握英语的应用，博闻强识的她还学习了法语，两种外语都说得很流利。

陆小曼不仅生就一副花容月貌，还多才多艺，能书会画，能歌善舞。她是舞场上的能手，又能唱一口漂亮的京戏，是当时很多人暗自倾慕的名媛。她与王赓的婚姻，主要是父母包办，在外人眼中他们是不折不扣的金童玉女，然而性格不合的两人却越来越感到婚姻的危机。

心高气傲的陆小曼不喜欢把自己的苦楚让别人知道，总是用勉强的笑容来遮掩自己的伤心与落寞。

芳华落寞时，她就像一枝暗夜的玫瑰，在众人的仰慕中独自吞下不为人知的苦涩泪水。

在一次舞会中，陆小曼因为想结交一些文人墨客而要求王赓带她一起去。在舞会上，当徐志摩看到闪烁的灯光中那个曼妙的舞者时，心里如同浇灌了甘泉般一下子振奋起来。

从此相识，他为她娇美的容颜与渊博的学识而倾倒，也为她不如意的婚姻而喟叹。在她骄傲而寂寞的生活中，徐志摩的劝慰与鼓舞如同醍醐，让她看到了灰色生活中的希望。一段倾世恋情，也由此开启。

第6章 情深炙恋：
浓情蜜意醉人心

1 寻找哈代的诗韵

陆小曼的美貌与才情，就像一块彩色的磁石将志摩的心牢牢地吸引了。他用最温暖的语言来给她安慰与鼓舞，时常陪她跳舞、看戏。然而毕竟陆小曼是自己好友的妻子，在与小曼的交往中不得不小心翼翼。

工作繁忙的王赓，总是没有时间陪妻子。陆小曼是鲜花一样的女子，是需要保护与娇养的，她的寂寞与空虚，此时只能由风流倜傥的诗人徐志摩来弥补。恰巧王赓被派往哈尔滨任警察厅长，而陆小曼仍留在北京。朋友远行，徐志摩立即毫无顾忌地大胆追求起陆小曼来。

舆论的眼睛总是最毒的。这对金童玉女频繁地成双出现在公共场所，立即引起了一场不小的风波。

第6章
情深炙恋：浓情蜜意醉人心

那时候报纸是最好的传播新闻的导体，一旦哪家报纸抢先发现了什么重大新闻并刊登出来，那就获得了巨大的商机。当徐志摩与陆小曼的传闻见报后，许多报纸都争相报道这一捕风捉影的事件，并添油加醋，一时间关于他们的传闻闹得满城风雨。

也是在这个时候，他接到恩厚之的信，说泰戈尔身体欠佳，很思念"素思玛"，并约他到意大利会晤。

已经深陷在对陆小曼的感情中不能自拔的徐志摩，对于这个邀约很是犹豫。然而好友胡适却劝导他说，"志摩，你该了解你自己，你并没有什么不可撼动的大天才。安乐恬嬉的生活是害人的，再像这样胡闹下去，要不了两年，你的笔尖上再也没有光芒，你的心再也没有新鲜的跳动，那时你就完了。你还年轻，应该出去走走，重新在大文学家大艺术家的接触中汲取营养，让自己再增加一些作诗的灵感，让自己的精神和知识来一个'散拿吐谨'。"

徐志摩听后自然有些动心，但还是放心不下陆小曼。他不能让小曼一个人承受那些风言风语，然而知书达理的陆小曼深明大义，也支持他出去游历。虽然她希望他留在自己身边，但她知道他有他的前途。出去闯一闯，见一见那些成功的大诗人，会对他的创作有极大的促进作用。何况暂时的分开，也是对爱情的一种考验，真正的爱情，应该是无所畏惧的。

此时的徐志摩在那些沸沸扬扬的猜疑与指指点点中，也忆起欧洲的那些好友。曾经的康桥，曾经的诗篇，曾经的林荫小径，曾经互诉肺腑的挚友，那些逝去的美好时光，让他莫名地眷念。

对英雄人物的崇拜，也总是让这位大诗人蠢蠢欲动。他也希望能更多地见一见那些文坛领袖们的风采，尤其是久闻未见的英国著名诗人、小说家托马斯·哈代。他渴望着能见一见这位诗歌中的王者，亲身感受一下哈代的风采。

在得到了陆小曼的支持后，徐志摩终于下了游历欧洲的决定与计划，毕竟这样不仅可以满足自己游历与拜会圣贤的愿望，还可以暂时躲避一下随处可见的舆论追踪。

3月9日晚，徐志摩的朋友们为他摆了饯行宴，陆小曼也在其中。席间，喝得烂醉的陆小曼用哽咽的声音连声说，"我不是醉，只是难受，只是心里苦"。这个貌似坚强的女子，也许只有在这个时候才能卸下厚厚的伪装，把所有心底的苦楚写在脸上。碍于众人眼目的徐志摩只能在一边心疼地看着，他多想与她同醉，纵然是死也要轰轰烈烈地死在一起。

1925年3月10日，这位满怀罗曼蒂克情怀的诗人踏上了他的欧洲之旅。除了必备的行装外，他还特意多带了三支钢笔，一是因为应陈源等人之邀担任了《现代评论》的特约通讯员职务，二是因为要时刻为心爱之人陆小曼写信。

临行前，他将一个装有自己日记、信笺、文稿等以及陆小曼的两本初恋日记的"八宝箱"交到凌淑华手中保管。还开玩笑说如果自己一去不复返，就请凌淑华用这些资料为自己写传记。他一直视凌淑华为知己，她也是他最信赖的人。当时的徐志摩不会想到，正是这个装有太多秘密的小小"八宝箱"，在他几年后真的

第6章
情深炙恋：浓情蜜意醉人心

一去不复返后，引来了无数风波，更不会想到在多年以后，那个小小的箱子竟然会离奇失踪。

这一次的行程和以往不同，徐志摩给自己订的路线是从东欧到西欧。

他乘火车经过西伯利亚的茫茫原野，偶尔在火车到达某个站时出去看看风景。3月的冰雪还没有融化，正是乍暖还寒时节。

他惊叹于西伯利亚的美，虽然人少，却绝不荒凉。那是大自然的恩赐，一望无际的原野让他有一种豁然开朗的感觉。

来到莫斯科后，徐志摩迫不及待地寻找着托尔斯泰的影子，去拜访了托尔斯泰的家人，然后又去了契诃夫的墓园，最后瞻仰了列宁的遗体。那些伟人们的灵魂，让他为之震撼，为之崇敬。

行至西欧，满怀激情的徐志摩正要进行他的下一步计划，却没想到在这里迎接他的竟是一个噩耗。他的前妻张幼仪为他生的第二个儿子彼得，在3月19日生病去世了。

此时的徐志摩，才忽然意识到自己做父亲的失职。彼得的身体里有着自己的骨血，那种骨肉连心的痛让他万分自责。小彼得本来还有一个月就是他的三岁生日了，却不想被病魔早早地吞噬了鲜花一样的生命。

徐志摩匆匆忙忙赶到柏林，在殡仪馆里，他紧紧地抱着彼得的骨灰坛子流下了悲痛、悔恨与自责的泪水。

张幼仪将彼得玩过的玩具、穿过的衣服、用过的东西一一指给徐志摩看，并将小彼得生前的故事讲给他听。悲伤、痛苦的徐志摩,用一篇饱含深情的《我的彼得》来纪念自己这个可怜的小儿子。

此时的徐志摩,也对张幼仪产生了有生以来的第一次钦佩与敬重的感情。他为张幼仪的坚强与真挚伟大的母爱而感动,为自己曾经的不负责任而感到深深的自责。

处理好儿子的后事,徐志摩在沉痛的心情中开始了他的欧洲漫游计划。

在法国,他祭扫了曼殊斐儿、茶花女、哈哀内、波特莱尔的墓,在意大利罗马,他祭扫了雪莱、济慈的墓,在佛罗伦萨他祭扫了勃郎宁夫人、米开朗琪罗和但丁等人的墓。拜会了那么多名人名家的灵魂,徐志摩莫名地感觉自己似乎专为扫墓而来了。

在佛罗伦萨,徐志摩本想拜会一下他仰慕已久的意大利作家《丹农雪乌,但因为此时的丹农雪乌已年过花甲,在一战中还失去了一条腿和一只眼睛,战后一直隐居在佛罗伦萨的乡间,徐志摩没有见到这位心中的英雄。他的作品对于徐志摩来说却有着望梅止渴的作用,他翻译了丹农雪乌的戏剧《死城》,并先后发表了《丹农雪乌(一)序言》、《意大利与丹农雪乌》、《丹农雪乌的青年时期》、《丹农雪乌的作品》、《丹农雪乌的小说》、《丹农雪乌的戏剧》等文章。

在法国巴黎,徐志摩本想去拜访罗曼·罗兰,但此时的罗曼·罗兰已经去瑞士度假了,他只好在失望与崇敬之中写下了《罗曼·罗兰》来慰藉自己的敬仰之情。

第6章
情深炙恋：浓情蜜意醉人心

来到英国后，他先是拜见了狄更生、恩厚之等老朋友，然后经过狄更生的介绍，前去拜访了他日思夜梦的老英雄——哈代。

7月的伦敦，有着清凉的阳光与蔚蓝的天空。在一个温和的下午，徐志摩满怀敬仰与激动来到了哈代所在的道骞斯德。

哈代家的外园门有一片碧绿的平壤，左侧远处则是一带绵延的平林，穿过园间小径转过去就是哈代的住宅，方方的墙壁上爬满了藤萝，阳光的金辉洒在碧绿的藤叶上，一派乡间小院的宁静与祥和。

当徐志摩按响门铃后，一阵狗吠声从宁静的院子里轰然传出，显得那么尖锐。然后门扉轻启，一个白纱抹头的年轻下女走了出来。

让徐志摩失望的是，原来哈代早就闭门谢客了，在这里过着隐者的安逸生活。想到狄更生写的介绍信，一下子希望的火花又从他眼睛中迸发出来。他将信递给下女，请她为之转达，然后满怀希冀地在门外守候着。

很快，下女出来请徐志摩进去，告诉他哈代愿意见他。

徐志摩不禁欣喜若狂，随着下女进了客厅。

朴素的房间里，一面墙壁上挂着沙琴德的哈代画像，另一面则是一张雪莱的像，书架上还摆着雪莱的大本集子。

正在他沉思着哈代为什么会喜欢雪莱的时候，外面楼梯上一阵急促的脚步声和狗铃声传来，哈代推门进来了。

身材矮小的哈代有着明显的佝偻，让志摩平视时几乎看不到。他和气热情地让徐志摩坐，然后他用干涩苍老的声音连珠炮一样向志摩发问。

"你是伦敦来的?"

"狄更生是你的朋友?"

"他好?"

"你译我的诗?"

"你怎么翻的?"

"你们中国诗用韵不用?"

因为狄更生在信上说过志摩翻译他的诗歌,所以前面几个问题似乎也不用回答,哈代似乎也意识到这些问题的答案,直到最后一个才停顿下来,给志摩回答的空间。

徐志摩谦逊地回答说"我们从前只有韵的散文,没有无韵的诗,但最近……"然而不等他说完,哈代便打断了他的话,"我不要听最近。"

哈代的诗歌有着严密的结构,像一栋建构严谨的建筑一样。他认为诗歌是应该用韵的,就像石子投到湖心里,漾开一圈圈的水纹一样,韵是不可缺少的波纹。

除了诗歌,他们还谈到语言。哈代认为中国的汉语难极了,如果丢了它改成英文或者法文,应该会更方便一些。这番话让徐志摩吓了一跳,满怀爱国热情的徐志摩心里很不舒服,在反驳的过程中一老一少两位诗人激烈地辩论了一番。

也许在平时,每个人都不会意识到自己有多么热爱自己的祖国。只有当你身在异国他乡,面对他人对自己祖国的挑剔,哪怕

第6章
情深炙恋：浓情蜜意醉人心

只是那么一点点，你都会忍不住据理力争。只有那个时候，深藏在心底的爱国热情才会那么强烈地迸发出来，那种强烈的感情，会让你自己也感到惊讶。

幸好老人并没有固执地坚持自己的观点，话锋一转，两人也就换了话题。他们还谈到罗素、麦雷还有曼殊斐儿。时光一点点流逝，一个多小时的谈话让志摩有一种高山仰止的感觉。

临别，徐志摩本想拍张照片留念，不想古怪的老人拒绝了留影。他说是因为曾经有一次一个美国人来拍照给他惹了不少麻烦，从此他不让来客照相，也不予签名。最后，他采了一白一红两朵花送给志摩，然后扬扬手，带着他的狗径自进门去了。

虽然哈代对志摩有些冷淡，甚至有些话不投机，但志摩已经感到心满意足。他为能够拜见这位心中的英雄而感到莫大的荣幸，为得到这么难得的机会而庆幸。回去后，他将这一下午的所见所闻整理成了《谒见哈代的一个下午》，将自己的激动、庆幸与愉悦的心情全部灌注在这篇文章中。

2 重晤罗素醉光阴

温暖的风轻抚旧日的梦,曾经如花怒放的青春,曾经懵懂的年少轻狂,在那些熟悉的风景里一一呈现。

志摩想起自己第一次来欧洲时的情景。那时的他抛弃了美国哥伦比亚大学的博士学位,只身来到英国伦敦,满怀希冀去拜见心中的英雄——罗素。那时候因为没见到罗素而感受到的巨大失望与后来见到罗素的巨大欢喜,此时都一一浮现在眼前。他决定再去拜谒罗素,去看望这位崇拜了多年的英雄,也是自己的挚友。

在英伦最南端的康华尔的一个小村落,他再一次见到了罗素夫妇。

那是一个礼拜天,罗素开了一辆破汽车去接志摩。当志摩看到这位久违的英雄戴着开花草帽,穿着烂褂子,领带像稻草一样

第6章
情深炙恋：浓情蜜意醉人心

飘在胸前时，他几乎认不出他了，但是罗素眼中特有的哲学家的灵智让徐志摩一眼就看到了英雄的风采。

罗素用他奇慢的破汽车将徐志摩载到家中。当徐志摩看到皮肤晒得绛紫的勃兰克女士——罗素夫人——时，若是她不笑不开口，他就真的认不出她来了。

罗素夫妇向他介绍了家里的两个宝贝，大的是个4岁的男孩，叫作约翰，他还有个中国名字叫作金玲，小的是个女孩，名唤恺弟。夫妇俩为了给两个孩子更好的德育，也是为了静心写书，来到了这个偏僻的乡村做起了隐士。

罗素夫妇非常注重孩子们理解与实践的能力。他们把知识寄寓在游戏中，让孩子们在玩耍中学到知识，武装天真而好奇的头脑。

看到西方人对孩子的教育方式，徐志摩想起了自己的国度，想起了自己曾经的童年，更想起了自小接受的教育。他深深地意识到，西方文化之所以成功，就是在于对孩子的教育上。

西方的教育方式与中国是截然不同的。不论是现在，还是那个兵荒马乱的民国时代。中国古代有著名的"孟母三迁"的故事，也有教育孩子诚信为人的"曾子杀猪"的故事，只是那些文化的精髓，我们每一个人都深深地了解着，却很少有人能付诸实践。人们不敢尝试新事物，不敢变更传统的教育模式，孩子们的天性也被深深地束缚着。所以在传统的教育模式中很多人被培养成了知识的奴隶，而非知识的主人。

罗素告诉过他关于教育孩子的一件事，给他留下了极深刻的印象。在约翰还不满三岁的时候，罗素夫妇带他到海里去洗澡。结果小约翰因为第一次看到海，非常害怕，一进到水里就又哭又闹的。这位大哲学家可火了，"什么，罗素的儿子可以怕什么的！可以见什么觉着胆怯的！那不成！"罗素夫妇两个不管儿子如何哭闹，强行将不满三岁的儿子按进了海水里。这样持续了三五天，小约翰竟然喜欢上海水了，不让他进海水里玩反而不依了。现在约翰在海水里能够像在陆地上一样，已经能熟练地游水了。

徐志摩不禁想到中国的父母，若是中国的父母绝对不舍得下这样的手。然而越是怕，越是要去挑战，要去打破那种恐惧的心理，唯有打破它，战胜畏惧，才能取得人生的成功。

勇敢、胆识、无畏的精神，是一切德性的起源、品格的基础。西方的教育是将这些放在首位的，而东方的教育却是将服从与宠溺放在了首位，这也是中西方教育模式最大的不同。

在罗素家住了几天后，徐志摩深深地感受到了西方教育的特殊性与优越性。在7月13日，他回到了伦敦，计划着到恩厚之新婚燕尔的达廷顿庄园与其相聚。

在他漫游的旅程中，他一直坚持着给陆小曼写信。那些对爱的宣誓与告白，洋洋洒洒汇成了爱的城堡——《爱眉小札》，将自己的所见所闻都用饱含深情的信笺寄给了陆小曼。他深情地倾诉自己的眷恋与思念，温柔而细腻地纾解小曼无处释放的抑郁情怀。

他告诉她苏俄的东西很贵，告诉她自己所见到的人民的疾苦，他告诉她自己心爱的儿子去世的消息，甚至还不避讳地告诉她自

第6章
情深炙恋：浓情蜜意醉人心

己对前妻张幼仪的钦佩与赞扬。在异国他乡，他细数小曼写给他的信笺，在得知她生病后又是万般担心与思念。陆小曼的倩影，无时无刻不在他的心海萦绕，那思念如同纷飞的樱花，在漫长的遥远的距离间幻化成一片粉红色的天涯。

只是潇洒的徐志摩无法体会，此时的陆小曼因为和他的关系已经和父母、丈夫全部闹翻，一个貌似坚强的女子，在无人理解的孤独与寂寞中独自吞下苦涩的泪水。

正在筹划着自己下一步行程的徐志摩，忽然在7月14日接到了陆小曼催他回国的急电。这时的徐志摩意识到，自己与陆小曼的关系已经不能再这样耗着了，他不能再逃避，要勇敢地去面对与陆小曼的感情，他要给这个女子幸福，给她一个温暖而完美的家。

再也没有心思游历，也没有心情再去与恩厚之相聚，甚至连大文豪泰戈尔他也没有耐心去等了，心急如焚的徐志摩在7月15日就匆忙从巴黎起程回国，7月底到达了北京。

爱情的力量，让这个充满浪漫情怀的诗人奋不顾身，在爱情的面前，所有的艰难险阻、刀山火海他都不会畏惧。他要冲破世俗的阻拦，给心爱之人期盼已久的幸福。

面对社会的声讨，当陆小曼略有动摇时，徐志摩总会不厌其烦地开导鼓舞陆小曼，让她为了幸福与自由勇敢地向前走。他痛恨礼教的束缚，厌恶世俗的羁绊，爱情是纯真无瑕的，为了爱，他可以赴汤蹈火。

此时的徐志摩,就像一个孤独的勇士,为了自己的理想勇敢而决绝地向前冲去。然而深受几千年道德伦理观念影响的中国社会,是绝不会顺利为他的爱情放行的。他所要面对的,是人们劈头盖脸的指责与谩骂,是对他勾引有夫之妇的批评与控诉,他所追求的自由与理想,在那个新旧冗杂的年代里是没有几人能理解的。

第6章
情深炙恋：浓情蜜意醉人心

3 漫漫柔情动心扉

爱情是一眼甘泉，让枯燥的岁月温润如玉。相思素帕，传不尽恋人绵延至海枯石烂的山盟海誓。

徐志摩满怀烈火般的思念回到北京后，迎接他的虽然有陆小曼纯真的爱情，但更有社会上的风言风语与亲朋的反对与阻拦。陆小曼的家人对她看管得很严，徐志摩和陆小曼见面的机会少之又少。

同一座城市，同一片天空。每天，他们呼吸着同样的空气，虽然近在咫尺，却如远在天涯。从此爱情的花开成荼蘼，甜蜜的思恋在万种担心与挂念中纠结成苦涩的痛楚。

热衷于文字的徐志摩依然每天记日记，将对恋人所有的思念与爱恋倾诉其中。那些关于爱情的忠贞不渝，关于理想的勇往直前,那些炽热的话语在字如泉涌的笔尖如火焰燃烧,燃尽了民国才子的绝世才华,燃尽了千古爱情的倾世之恋。

他期盼着与心爱人的相见,思念的煎熬几乎煮沸了心魂。

似是有心又似无意,回京后没几天,林长民就给他们创造了一次见面的机会。他分别约志摩、小曼一起游赢台宫湖,也与志摩再叙曾经的知己之情。

这是志摩回国后与小曼的第一次相见,与离国前的相见已逾半年之久。欣喜若狂的徐志摩,迫不及待地向陆小曼倾诉自己的离后相思。但毕竟有"灯泡"在,虽然此时的徐志摩已是饥渴难耐,但还是要注意自己的仪表形象,尽量收敛了一些。

相见难,才让相思更浓。就像久旱逢甘泉的大地,两颗苦苦相恋的心终于得到慰藉,紧随其后的是更浓烈的思念与爱情。志摩期盼着会有那么一天,两人可以单独相见,唯有那时才可以淋漓尽致地倾诉自己积攒了许久的感情。

好朋友是每一个人永远的精神财富,同甘者也许你会忘记,但共苦者你总会铭记,尤其是那些助你于危难之间的挚友。胡适之与徐志摩的友情是牢不可摧的,就在徐志摩处于满城风雨的窘境之时,胡适之又为他帮了一个忙。8月9日,他为徐志摩、陆小曼安排了一个单独相见的机会。

那些压在心底的话,那些压抑许久的感情,终于在四目交错的一刹那得到释放。他们珍惜着相见的每一分每一秒,幸福的光环在爱情的交融里如花盛放。

第6章
情深炙恋：浓情蜜意醉人心

徐志摩在甜蜜的幸福里描下了爱情的轨迹：幸福不是不可能的。他告诉小曼，今天早上的时刻，过得甜极了。我只要你；有你我就忘却一切，我什么都不想什么都不要了。

这是诗人的真挚，纯洁而无杂质，那种冰清玉洁的感情仿若山谷里流淌的泉水，晶莹剔透，未加任何世俗的雕饰，在爱的阳光下折射出幸福的光晕。

也许世人不解，甚至有人对这段爱情持蔑视的态度。那样超脱于尘俗的爱情，是没有任何瑕疵的。也许只有深深了解志摩与小曼的为人，才能理解这段爱情何以如此轰轰烈烈了。

徐志摩的好友郁达夫是少数的理解者之一，作为知己好友，他曾这样评价：忠厚柔艳如小曼，热烈诚挚如志摩，遇合在一道，自然要迸发火花，烧成一片了，哪里还顾得到纲常伦教？更哪里还顾到宗法家风？当这事在北京的交际社会里成为话柄的时候，我就佩服志摩的纯真与小曼的勇敢到了无以复加。

相恋却不得相见，那是恋人之间最大的苦楚。陆定夫妇在得知徐志摩从欧洲回来之后，对女儿看管得更加严格，他们限制陆小曼行动的自由，以防她与徐志摩相见，做出败坏门风的丑事。

在思念的煎熬中，电话成了他们唯一的联络方式与心灵的慰藉。每天，徐志摩都在不安与焦躁的心情中等待心爱人的电话，每次电话的铃声响起，志摩的眼睛总会如星子般闪烁兴奋的光芒，激动的心在快乐与幸福中澎湃着，涌动着。然而更多的时候，志摩会在期待与失望的旋涡里苦苦挣扎，那个放置电话的小小空间，在无数个清晨与黄昏的等待中成了他爱情的炼狱。

小曼的电话成了志摩生命的泉水,一旦没有按时听到那动人的声音,志摩就会心焦如焚。他告诉小曼,"昨天早上你不来电话,从九时半到十一时我简直像是活抱着炮烙似的受罪,心那么的跳,那么的痛。"

他在痛苦中自问,"这过的是什么日子!我这心上压得多重呀!眉,我的眉,怎么好呢?刹那间有千百件事在方寸间起伏,是忧,是虑,是瞻前,是顾后,这笔上哪能写出?"对爱情的执着,已经让志摩几近癫狂,他不能没有她,愈是思念的煎熬,愈是让他渴望长相厮守的幸福。

那种笨重的老式电话,如同一个小杠铃坐落在志摩的心里,重重的感情拾得起,却再也放不下。

徐志摩的爱情是纯真无瑕的。不管是对林徽因的爱,还是对陆小曼的爱,都是倾注了自己全部的感情。也许是对林徽因的求而不得,更加让他对陆小曼痴情倾心。他爱小曼,看到活泼如同一条可爱的小龙的陆小曼,他的心便完全沦陷了。他爱她的朴素,爱她最真实的俏丽容颜,那张不施脂粉的面庞更让他怦然心动。他告诉她,朴素是真的高贵,素服的眉有他独到的领略。

在《爱眉小札》中,徐志摩记录了自己与小曼的每一次接触与幸福的感受,更记下了他对情人的殷殷期盼与细心叮咛:

"眉,你今天说想到乡间去过活,我听了顶欢喜,可是你得准

第6章
情深炙恋：浓情蜜意醉人心

备吃苦。……你这孩子其实是太娇养惯了！……万事只要自己决心；决心是与成功间的最短的距离。往往一个人最不愿意听的话，是他最应该听的话。"

一向奢华的陆小曼，就像长在富贵乡里的红玫瑰，从不知节俭为何物。徐志摩看在眼中，担忧也生自心中。已经深谙人民苦难生活的他，努力用自己真挚的话语打动陆小曼，让她学会节俭，懂得金钱的来之不易。

那些关于爱情的诗篇，燃尽了幸福的笔记。夏末的北京，烈日依然灼烧着。黄包车在大街小巷奔腾而过，飞扬着一溜的漫漫烟尘。阳光在树叶的缝隙里投下斑驳的光点，清风拂过，满树芬芳。

4 一抹浓情相思泪

淡淡的岁月,在漫长的等待与思念中幻化爱情的年轮。细雨无声,在碧绿的垂杨里悄悄地奏着无声的乐章。那些日复一日的思恋,那些与日俱增的眷念,让漫长的光阴长成煎熬的形状,痛苦的心在这煎熬中惶惶不安。

他害怕失去,害怕爱情的失败。但愈是害怕,他就愈是要坚信自己一定会实现自己的爱情愿望。他也时刻把这种强大的自信传递给陆小曼,让她坚信爱情的力量,相信他们会走向幸福的殿堂。

沉浸在爱情的甜蜜与苦涩中,徐志摩始终在绞尽脑汁地想办法来应付所有困难。他渴望早一点摆脱困境,早一点实现向往多年的理想中的新生活。

他告诉小曼,恋爱是生命的中心与精华;恋爱的成功是生命

第6章
情深炙恋：浓情蜜意醉人心

的成功；恋爱的失败，是生命的失败。为了爱情，就算付出全部，哪怕是生命，他也在所不惜。

该是怎样一颗坚持不懈、不气不馁的心，才能冲破重重阻碍，圆了那个长相厮守的梦？在封建而传统的旧中国，多少苦命鸳鸯被活活拆散！翩翩的蝴蝶，在短暂的生命里双宿双飞，华美的幸福背后却是梁祝的爱情悲剧；凄凉的沈园中，旧墙上斑驳错落，依然残留着钗头凤的悲泣；倒塌的雷峰塔下，枯草荒芜迷离，仍有当年白蛇娘子对爱情水漫金山的誓死守候……

陆小曼的母亲一直将女儿严格看管着。徐志摩也深明这一点，所以他努力破除与陆母的冰封状态。8月下旬，他怀着一颗忐忑的心尝试着去拜访陆母，结果却不欢而散。纵然他们的爱情感天动地，在道德伦理中，却是难容于陆母之心的。

这位自信的乐天派诗人是永远不会被困难止住追求梦想的脚步的。在遭遇了陆母的拒绝后，徐志摩并没有灰心，他去请好友胡适为自己做说客。然而陆母的态度依然非常坚决，她反对女儿与徐志摩这段异于伦理的恋情。

爱情可以让一个人疯狂，可以让一只温顺的小绵羊变成狂野的怒狮。本就不安分的徐志摩，在遭遇了三番五次的打击后又萌生了私奔的想法。他想带陆小曼远走高飞，逃离这遍野荆棘的现实，去过他们自己的自由、幸福生活。

陆小曼虽然也陷入了热恋的旋涡，但此时的她还是理智的。她并不赞同徐志摩一走了之的方法，对于母亲的管教，她只是温顺地服从着。她要理智地追求自己的幸福，只有与王赓离婚，才能名正言顺地成为徐志摩的妻子。

已经急不可耐的徐志摩对陆小曼的决定颇感难过。他急切地追问小曼"眉，为什么你不信我的话，到什么时候你才听我的话！你不信我的爱吗？你给我的爱不完全吗？为什么你不肯听我的话……"他要小曼和自己一样放心大胆地去爱，"恋爱本是光明事。为什么要这样子偷偷的，多不痛快。"

由于陆家的坚决反对，徐志摩的爱情成了天边的皎月，明明置身于华美的月光中，却无法触及如冰似玉的月轮。爱情的挫折，让他念起亲情的温暖。9月4日，徐志摩去了上海，前去看望在上海张园居住的父母亲。

沿途的风景，无法洗去诗人心中的悲伤。一路的阳光越来越灼热，那颗渐渐远离爱人的心却越来越冰冷。陆母的不近人情，小曼的逆来顺受，满城的流言蜚语，人们的不理解与指责，一切的不如意都渐渐浮在眼前。那些沉甸甸的忧伤，化作了志摩笔下的诗句：

我来扬子江边买一把莲蓬；

手剥一层层的莲衣，

看江鸥在眼前飞，

忍含着一眼悲泪，——

我想着你，我想着你，啊小龙！

第6章
情深炙恋：浓情蜜意醉人心

……

情人之间总是心有灵犀的。刚刚到了上海的徐志摩，还没有从一路的悲伤心情中回转过来，就收到了陆小曼发来的电报：

一切如意——珍重——眉

短短的几个字，已经足以让徐志摩心花怒放。这一路的悲伤，在那一瞬顿时化为乌有，所有的挫折与磨难，和那几个甜蜜的字比起来就都不重要了。

第二天，小曼的信也到了。他认真地咀嚼着信中的每一个字，以至于脸上的表情都时刻起着变化，一会儿皱眉，一会儿紧张，一会儿又笑逐颜开。徐申如夫妇看着儿子如痴如醉的状态忍不住发笑，他们也猜到宝贝儿子一定是恋爱了。徐父躺在床上笑骂："谁来看你的信，这鬼鬼祟祟的干什么！"在意识到自己的失态后，志摩才感到不好意思。

知子莫若父，最了解儿子的徐父，告诫他"有夫之妇总以少接近为是"。他哪会想到，此时的徐志摩何止是接近，整个人都已经深深地沦陷在三个人的爱恨纠葛之中了。

山长水远，徐志摩在漫无边际的思念中每天都期盼着小曼的消息。他为陆母的不近人情深感不满，甚至将这位未来的丈母娘称为"专暴淫蛮的娘"。每一天，他依然坚持着将对小曼的思念与牵挂写在《爱眉小札》中,那些日积月累的甜言蜜语与海誓山盟,成了他们爱情最好的见证。

远在北国的小曼,成了志摩梦萦魂牵的思念。夏末的上海,依然有一股惹人心烦的燥热。纵然夜幕降临,那些闪烁的霓虹也让人心神不宁。正是一种相思,两份愁容。

就在这刻骨的思念愈演愈烈的时候,时任大军阀孙传芳的五省联军参谋长王赓,因为不放心妻子一人在北京,便让小曼和母亲一道来上海团聚。

深陷在与徐志摩如胶似漆的恋情中的陆小曼,本不愿去面对王赓的。但想到徐志摩在上海,而且听徐志摩说已请了刘海粟去劝说王赓离婚,她便与母亲一起来到上海。

得知小曼来到上海,徐志摩不禁兴奋不已。他早早地就跑到车站等候心爱人的到来,却没想到迎接他的是陆母的当头棒喝。

当陆母看到徐志摩后,立即又急又气地拉着小曼远远走开。明明苦苦相恋的一对情人,此时也只能无声相望。

短暂的相见,并没有缓解志摩漫无边际的相思之苦,反而让那苦楚愈加强烈。那割心一般的分别让他浑身每一根神经都在颤动。他在日记中愤懑地直呼"受罪受大了"。

虽然再次被陆母棒打鸳鸯,但徐志摩依然毫不气馁。当晚,他又急急地跑到王赓在上海的寓所。大度的王赓并没有给这位昔日旧友出什么难题,反而还给他和小曼五分钟闲聊的时间。

第6章
情深炙恋：浓情蜜意醉人心

心焦的徐志摩依然想着要和小曼私奔，他甚至在前一天就已经想了整整一晚的"出逃路线"。他想带小曼到大连去，想到与心爱人共同的生活，志摩心里如同灌注了花蜜一般甜美。然而转念想到黑色的现实，他又只能无奈叹息了。

第7章

文坛新秀：
升华的灵魂

1 苦心终得美人归

大上海的灯红酒绿,无法稀释志摩心中的苦楚。就在他一筹莫展的时候,好友刘海粟为这对苦命鸳鸯帮了个大忙。

刘海粟一向反对旧封建的纲常伦理,提倡自由恋爱与自由婚姻。他与陆母同是常州人,陆家对他一直很器重。在北京时,陆小曼还曾拜他为师学习绘画。在得知好友徐志摩与自己学生陆小曼的恋情后,立即慷慨地伸出了援手。

为了劝说王赓离婚,恢复陆小曼的自由身,刘海粟在来到上海后的第三天就在功德林设宴请客。

席间,他慷慨陈词,控诉封建礼教对幸福的迫害。他提倡爱情自由,认为爱是婚姻的基础,无爱的婚姻是违反道德的。并且

第7章
文坛新秀：升华的灵魂

提出离婚后的夫妻还可以做朋友，保持正当的友谊。

在文明开化的今天，这种观点也许不足为奇，但在封建理念荼毒人心的旧社会，这种想法却没有几人能意识到。"嫁鸡随鸡，嫁狗随狗"的观念早在几千年前就已经深入人心，能有如此高的觉悟是需要心灵高度的历练的。

听了刘海粟慷慨激昂的游说后，早已深感婚姻疲倦的王赓也不想再将这种三角关系维持下去了。他同意与陆小曼离婚，让她去追寻自己的幸福。虽然他依然爱着她，当初"一梳齐眉老"的吉祥语，在酒酣时渐渐萦绕耳边。

有一种爱，是放手，放弃天长地久的厮守，还你最初的自由。放任爱情，也放任幸福。

终于摆脱了婚姻的枷锁，陆小曼迫不及待地北上，去找已经回京的徐志摩。历尽无数的悲欢离合、苦辣酸甜，两颗执着热烈的心终于走到了一起。

1925年11月，徐志摩在北京中街租下一处院子，与小曼共享温馨生活。

那是一段甜蜜的时光，初冬的阳光清凉而不失温暖，庭院里偶尔会有娇小玲珑的麻雀啁啾啄食，灵动的翅膀扑棱棱扫起一小圈尘埃，在阳光的照耀中闪烁淡淡的光晕。

陆母从心理上并不反感这位未来的女婿，只不过人言可畏，她要顾及在世人面前自己家族的面子。她曾对刘海粟说："你我都是常州有名望的世家，女儿结过婚又离婚，离掉再结婚，说起来有失体面家声，成什么话呢？"在女儿离婚后，陆家也就默认了她与徐志摩的关系。

婚姻不是两个人的事，而是两个家族的事。在陆家这边终于过关后，志摩又不得不想办法说服自己固执的父母。老两口一直反对儿子与陆小曼的婚事，徐志摩无奈中只好请求胡适去说服自己的父亲。

没想到态度坚决的徐申如并没有给胡适面子，碰了一鼻子灰的胡适也只好无功而返。

刚刚享受到与恋人团聚的甜蜜，徐志摩不得不再次面对与小曼的分离。1925年年底，他再度南下回家，亲自去请求顽固的父亲为自己的爱情放行。

一路上，他都在挂念心爱人的点点滴滴。那些千千万万的叮咛嘱咐，融在了一封封款款深情的信笺里。他叮嘱她要按时休息，按时起床，"记住太阳光是健康唯一的来源，比什么药都好。"

在与父亲做了一次倾心长谈后，徐申如提出要听听张幼仪的意见。在徐申如看来，儿子与张幼仪的离婚并没有取得双方父母的同意，因此是不算数的，他依然当张幼仪是徐家的儿媳妇。

1926年初，张幼仪在接到家信后取道西伯利亚回国，却不想被战乱延误了归期。漫长的等待，让徐志摩心如火焚。他几乎每天都要给陆小曼写信，倾诉自己的别后相思。那个玫瑰一样的女

第7章
文坛新秀：升华的灵魂

子成了他的全部，为了她，他可以放下一切，什么事业，什么荣耀，与心爱的她比起来都显得那么微不足道。他深情地告诉小曼，"抱住你，就好比抱住整个的宇宙。"

相思的煎熬，让志摩恨不得飞回北京与小曼团聚。然而徐申如不允，志摩也只好耐着性子等待前妻张幼仪的到来。在那些漫长的浑浑噩噩的日子里，痛苦而甜蜜的思念将徐志摩折磨得肝肠欲裂。衣带渐宽终不悔，为伊消得人憔悴，志摩的用情之深与态度之坚决，渐渐打动了顽固的徐申如。看到儿子日渐憔悴的面庞，他也疼在心上。

经过几番思想的挣扎，徐申如终于退步了，他同意儿子与陆小曼订婚，但毕竟已经致信张幼仪，让她来做这个判决，所以还是要等张幼仪回来才能下定论。徐申如还提出要让胡适出面，担任介绍人。

终于盼到了希望的曙光，徐志摩恨不得立刻回京向小曼求婚。1926年4月，徐申如终于耐不住儿子的软磨硬泡，允许他暂时离沪回京。

几个月的分别，就像过了几个世纪般漫长。在无限的憧憬与希冀中，志摩与小曼重游北海，在幸福伊始时感叹一路走来的磨难与即将迎来的美好生活。

团聚的时光总是很短暂，在小聚之后，徐志摩再度南下，等待张幼仪的归来。时间一直蔓延到阳光灼人的浅夏，张幼仪终于抵达了上海。深明大义的她不反对徐志摩和陆小曼的婚事,面对这个让自己又爱又恨的男人,她很大度地支持他的选择。

虽然张幼仪已经同意,徐申如还是不愿接受儿子这场自作主张的婚姻。经过胡适、刘海粟等人的斡旋,顽固的徐申如终于勉强答应了儿子的婚事,但是他提出了三个条件:

一、结婚费用自理,家庭概不负担;
二、婚礼必须由胡适做介绍人,梁启超证婚,否则不予承认;
三、结婚后必须南归,安分守己过日子。

难得父亲让步,为了能尽快与心上人走入婚姻的殿堂,徐志摩立即答应了这三个条件。沉浸在喜悦与幸福中的徐志摩,干脆动手筑造起他们爱情的巢穴,为了表达对小曼的深爱,他为新房取了一个好听的名字,叫作"眉轩"。

一切准备妥当后,徐志摩迫不及待地回到了北京。想到父亲提出的条件,第一项和第三项倒还好说,只是第二项要求梁启超做证婚人,这让徐志摩颇感挠头。但为了爱情,他还是硬着头皮去请恩师梁启超。作为老师的梁启超,虽然勉强答应了学生的请求,但他还是很反对这门婚事的。

1926年8月14日,也是农历的七夕,在这个充满古典浪漫情怀的日子,徐志摩和陆小曼在北海公园董事会举行了订婚仪式。

第7章
文坛新秀：升华的灵魂

10月3日为孔子诞辰日，他们在这里举行了盛大的婚礼，徐志摩和陆小曼在京的朋友几乎全到场了，正如徐申如夫妇所愿，胡适是介绍人，并由梁启超证婚。

梁启超给他们的证婚词不是美好的祝愿，而是接近指责的训斥。在众人的面前，梁启超毫不留情面，"徐志摩，你这个人性情浮躁，所以在学问方面没有成就；你这个人用情不专，以致离婚再娶，以后务要痛改前非，重新做人！"对于徐志摩，梁启超出于师生之情还有一些怜悯与善意，而对于陆小曼，他则以"祸水"、"妖妇"看待。他担心爱徒找了这样一个人做伴侣会招致灭顶之灾，因此他也毫不给这个小女子留一些情面，"陆小曼！你要认真做人，你要尽妇道之职。你今后不可以妨害徐志摩的事业……"最后，似是讽刺，又似勉强的祝福，他用"愿你们这是最后一次结婚"来结束了证婚词。

不管世人如何非议，这对勇敢追求美满爱情的恋人终于在历尽千辛万苦后走到了一起。那一年，徐志摩31岁，陆小曼24岁。青春的相册，定格在唯美的瞬间。

老父徐申如并没有来参加儿子的婚礼，不管是婚前还是婚后，徐申如夫妇一直很反感陆小曼这个儿媳妇。

因为答应了父亲的三个条件，徐志摩在婚后携陆小曼回到了老家硖石。只要与心爱的人在一起，无论是天涯，还是海角，都是温暖的归宿。

2 报刊阵地谱华章

与爱情同行的,是志摩如火如荼的事业。

1925年9月底,徐志摩应《晨报》主编陈博生与黄子美的一再邀请,担任了《晨报副刊》的编辑。

《晨报》的前身为《晨钟报》,创刊于1916年8月15日,是以梁启超、汤化龙为首的进步党(后改为宪法研究会,即研究系)的机关报。它的第7版是专载小说、诗歌、小品文等的专栏,并随《晨报》附送读者,因此被称为《晨报副刊》。在五四运动时期,《晨报副刊》一度被作为宣传新思想的阵地,成为影响中国最大的几大副刊之一。

热爱文学的徐志摩早就想办一份报,1924年新月社成立后,

第7章
文坛新秀：升华的灵魂

他曾一度想办《新月》周刊或月刊，结果没有办成。泰戈尔来华时，曾建议徐志摩办一份英文的季刊，但后来因为北方战事频仍，办刊的事情最终被耽搁。早就很欣赏徐志摩活泼灵动的文笔的黄子美，在1924年就曾邀请徐志摩去做编辑，潇洒惯了的徐志摩说什么都不肯答应。在他看来，一个月来一回还可以支持，一周开一次口已是很勉强的了，每天要说话简直是不可思议。

就在他要去欧洲游历的时候，朋友们还不肯放他走，直到他答应了回来之后帮他们办副刊，他们才肯放行。

那时的徐志摩只是随口敷衍，根本没把这事放在心上。没想到回国后，陈博生与黄子美像讨债般要求他履行前约。他们特意设宴请了徐志摩和几个朋友，来游说徐志摩就范。看到整天东游西逛的徐志摩，有人说他确实办不了副刊，像他这类人只配东飘西荡地偶尔挤出几首小诗来给他们解解闷。有人则认为没必要让徐志摩办副刊，因为副刊就没有存在的必要。为了趁早"处死"副刊，陈西滢反而赞成徐志摩办副刊，因为这样一来"徐志摩就可以先逼死别家的副刊，然后再掐死自己的副刊，从此人类就可以消灭副刊的灾祸了"。一番话引得众人哈哈大笑，徐志摩自己也忍不住笑了。

陈博生则循循善诱，给他摆出了几项诱人的条件。"你还不是成天想办报，但假如你另起炉灶的话，管你理想不理想，新月不新月。第一件事你就得准备贴钱，对不对？反过来说，副刊是现成的，你来我们有薪水给你，可以免得做游民，岂不是一举两得？"

徐志摩终于有些动心了，但想到每天都要策划一刊，他就感到脑袋发涨。他说如果《晨报》是周刊或者三日刊就好了，那还可以考虑考虑。陈博生看到这座冰山终于融化了一角，立即趁热打铁，承诺让徐志摩只管每周三天的副刊。看到陈博生等人言辞恳切，徐志摩也只好答应下来。

一天后陈博生又来疏通徐志摩，说三天实在转不过来，至少要四天。既然已经应承下来，徐志摩也只好尽力而为。他告诉陈博生自己只能在字数里伸缩，每周能管三万多字，实在三天匀不过来，他只能把三天的材料摊成四份，反正数量不代表质量。同时他还提出，他爱登什么就登什么，万一将来犯什么忌讳出了乱子累及《晨报》本身的话，可不能怪他。

早就想办一份报的徐志摩，也算找到了自己执笔泼墨的阵地。他既然接受了这一聘任，就要努力做出个样子来。

1925年10月1日，由徐志摩负责的第一期《晨报副刊》问世了，并刊出了他的文章《我为什么来办我想怎么办》。文中，他很有个性地阐释了自己的文笔，"我决不是一个会投机的主笔。迎合群众心理，我是不来的，谀附言论界的权威者我是不来的，取媚社会的愚暗和褊浅我是不来的。"他是文章的主人，会用自己的思维来驾驭文字，而不是投机取巧，阿谀奉承。

第7章
文坛新秀:升华的灵魂

他向世人宣布自己编辑副刊的心愿,"把自己整个儿交给能容纳自己的读者,并在自己的情感里发现他们的情感,在自己的思想里反映他们的思想。"

理想就是徐志摩的寄生石,他将《晨报副刊》彻底当成了自己实现理想的阵地。在第二期上,他又发表了《迎上前去》,再度表明了自己的主张与决心。副刊的栏目总是多姿多彩,分为演讲、译述、论著、文艺、诗歌和杂纂等。

与文人名士广泛地交际也为他的工作大开方便之门,他所主稿的阵营都是当时的名家,如当时清华国学研究院著名的"四大导师"中的梁启超、赵元任;曾任《政治学报》主笔的张奚若;上海的郭沫若、吴德生、张东荪;武汉的郁达夫、杨振声;戏剧家余上沅、赵太侔,等等。这些朋友为徐志摩送来了大量的优秀稿件,加上徐志摩本人活泼新颖的文章,《晨报副刊》在他的手下果然焕然一新。

作为编辑之后第一个得到满足的虚荣,也许就是收到大量的读者来信了。很多编辑为此事而感到厌烦,然而徐志摩在看到那一大堆的信笺时却像是孩子看到了糖果般开心。他喜欢收到他人的来信,更喜欢写信。那种强烈的"信欲"让他对工作更加充满热情,对理想的实现也更加充满信心。

这是徐志摩生命里的又一次转折,《晨报副刊》成了他大显身手的阵地。他将自己的思想与主张融在一篇篇活泼灵动的文章里，凡是《晨报》所到之处，都有他文笔的气息。越来越多的人对这位风流倜傥的诗人崇拜不已，他的文风也成了许多人争相模仿的对象。

在这个阵地上，他淋漓尽致地发挥着自己飞扬的文采，同时也时常以笔墨为枪杆，与一些观点不同的文人墨客们展开一场场文字的角逐。他们以犀利的言辞问鼎文坛，论古今政事，谈天下奇闻。那是志摩一生中最辉煌的时光，他的名气也在那一段时间达到了又一个高峰。

第7章
文坛新秀：升华的灵魂

3 笔杆墨字惹纷争

《晨报副刊》是志摩梦想实践的阵地，也是文人墨客们各抒己见的阵地。

1922年12月，苏维埃社会主义共和国联盟正式成立。对于社会主义的苏联，当时的中国知识界存在着这样的一个观点：苏联同样是帝国主义。为了反驳这个观点，陈启修在《晨报》社会栏中发表了《帝国主义有白色和赤色之别吗?》一文，不仅对"苏联是帝国主义"的的观点进行了有力的反驳，还赞扬了苏维埃政权，并主张应该以苏联为朋友，而不是敌人。

当时的中国处于国民党的统治之中，统治阶级代表着大地主、大资产阶级的利益。敢于提出与社会主义的苏联为友的观点，自然无异于石破天惊。因此在他的文章发表以后，马上就有人进行反驳了。

时任清华政治系的张奚若一向被人称为"大炮"，在看到陈启修的文章后立即义愤填膺地写下了《苏俄究竟是不是我们的朋友》来反驳陈的观点。他认为苏联只是假借共产之名，实际上是为了自己的私利。苏联虽然不是帝国主义式的敌人，但其对中国的危害要更甚于帝国主义式的敌人。所以要对苏联严密防备。

就此，关于一场与苏联为敌为友的政治问题展开了激烈的争论。作为编辑的徐志摩公正而认真地对待了这个问题，他没有袒护任何一方，将每一方的稿件都如实刊登出来。甚至在一周后，他还在文艺栏特设了"关于苏俄仇友问题的讨论"和"仇友赤白的仇友赤白"两个专栏，将意见不同的双方稿件集中发表。

这场轰轰烈烈的政治大论战持续了将近两个月。

漫溢墨香的报纸，每一份，每一个字，都是志摩的心血。他似乎从来没有为工作如此地痴狂过。在对稿件的审核中，他始终怀着一颗赤子之心，公正地去对待每一篇文章，绝不会以内容的正反来决定稿件的命运。他看中的是稿件的质量，是有无新的发现。作为编辑，他始终明确地保持着中立的立场。

毕竟，他是有自己的观点的。虽然作为编辑，他没有流露出丝毫的感情倾向，但作为徐志摩，他却将自己的感情抒发得淋漓尽致。在1926年1月21日的《晨报副刊》上，他发表了《列宁忌

第7章
文坛新秀：升华的灵魂

日——谈革命》，明确地表明了自己是站在反苏的立场上的。他用极富个性的语言向世人宣誓，他信仰的是个人主义，而不是马克思的阶级斗争学说。

也许是徐志摩这位重要人物的出场，也许是当时的社会状态使然，在这场政治大争论以"反共仇苏"的观点稍占上风。

除了关于苏联的政治争论，还有一场与大文豪鲁迅相关的文学争论。这是留日知识分子与留美知识分子之间的一大争论，也是中国现代文学史上最自由的一次论争。

1925年3月12日，孙中山先生逝世，北京各界人士将在中央公园举行公祭。北京女子师范大学的学生自治会打算前去参加，结果却遭到了校长杨荫榆的阻挠，由此爆发了北京女子师范大学风潮事件。这本是教育界的事情，但是不同的人对其却有着不同的观点。周树人（鲁迅）与周作人兄弟同陈西滢因为观点不同而展开了论战。

在论战中总是保持中立的徐志摩起初并没有参与，但是与陈西滢的友情却使他在情感的天平出现了偏沉。在看了陈西滢在《现代评论》上发表的关于法郎士的《新闲话》一文后，他不禁感触颇深，1926年1月13日，他在《晨报副刊》上发表了《"闲话"引出来的闲话》一文，称赞了陈西滢的学问、文章以及品格。当鲁迅兄弟看到徐志摩称赞自己的"敌人"后不禁大为恼火，立即将斗争的矛头对准徐志摩。

周作人挥笔写下《闲话的闲话之闲话》，并发给《晨报》。一向公正审稿的徐志摩虽然明知他的矛头指向自己，但还是在1月20日将其刊登出来。为了尽快解决这场纠纷，志摩在同一期的《晨报副刊》上发表了《再添几句闲话的闲话乘便妄想解围》，一方面对周作人的责难进行了辩解，另一方面也表明自己希望尽快结束这场论争的态度。

正在斗得难解难分的两方，对于徐志摩的"劝架"毫不领情。双方继续固执地坚持着这场笔墨战，似乎是不分个高低胜负决不罢休。

感情总是会左右人的判断。与陈西滢的友情，让徐志摩也做不到在劝解的过程中能够做到绝对地不偏不倚。他钦佩陈西滢的为人与学识，无论是在曾经的异国他乡，还是在此刻的飞黄腾达，徐志摩都把这份友情深深地烙在心上。

周、陈之间的论战，可以说是对时事的论争，也可以看作私人之间的指责。在双方越斗越激烈的时刻，徐志摩意识到如果不强加制止，这论战的结束恐怕是遥遥无期了。

在多次劝解未果后，他只好在1926年2月3日发表《结束闲话，结束闲话!》，强烈呼吁双方停战："带住！让我们对着混斗的双方猛喝一声。带住！让我们对着我们自己不十分上流的根性猛喝一声。"

徐志摩本是希望让周作人帮忙调解一下的，因为鲁迅的脾气

第7章
文坛新秀：升华的灵魂

实在难以捉摸。不想鲁迅看到徐志摩的《结束闲话，结束闲话!》之后，依然无法平复心头的怒气，在2月7日又发表了《我还不能"带住"》，双方的论战又开始了。

4 新月诗派拓荒者

那一段绚烂的光阴,将岁月描上了唯美的金装,纵然是飘雪的季节,依然温暖如芬芳的四月。

倾心于诗歌的徐志摩,不仅倾注了自己全部的热情来办好《晨报副刊》,还先后创办了《诗镌》与《剧刊》。那是徐志摩与朋友们的心血之作,尤其是《诗镌》更是掀起了那个年代里诗歌运动的高潮,也成为了中国诗歌发展史上的一座新的里程碑。

志摩爱诗,爱诗一样的生活。他曾经读过闻一多在 1923 年出的诗集《红烛》,印象极为深刻,也对闻一多产生了一种好感与好奇。在担任《晨报副刊》编辑期间,他结识了诗人闻一多,两人一见如故,互相切磋探讨关于诗歌文学的艺术。

第7章
文坛新秀:升华的灵魂

闻一多也是位热爱交际的诗人,在他的身边总是会云集一大批青年诗人,如朱湘、孙大雨、饶孟侃等人,他们定期在闻一多家中举行诗会,互相欣赏诗作,切磋琢磨。用徐志摩的话来说,"闻一多的家是一群新诗人的乐窝"。

徐志摩与闻一多结识后,自然乐于加入到这个"乐窝"之中。新诗人们往往都不是安于现状的人,他们总是追求更美好的诗篇与生活。闻一多与徐志摩等人一直不满意五四以来形式过于散漫的"自由诗",同时也不满足于自己的西式诗作,希望能够创作具有中国特色的新诗。

闻一多和朋友们一直想办一份诗歌方面的刊物,但由于资金问题与难以得到政府的批准,计划一直没能实行。结识徐志摩后,他想到在《晨报副刊》上开一个专栏,这样既可以解决所面临的问题,又可以实现大家共同的愿望。

徐志摩得知闻一多的想法后,立即一口答应下来。经过商议,专栏每逢周四出版,由徐志摩编辑一、二期,闻一多编辑三、四期,此后轮流编辑。但在实际操作中,他们按计划做完一、二、三、四期后,第五期是由饶孟侃编辑的,此后就交给徐志摩一人负责了。

闻一多曾预言,《诗镌》的编辑与发行将会开辟新诗的第二个纪元。它的重要性,将与《新青年》、《新潮》等相提并论。

1926年4月1日,徐志摩在《晨报副刊》上正式推出了《诗镜》,《诗镜》所产生的效果正如闻一多所言。

在首期《诗镜》中,徐志摩代表新月社发表了《诗刊弁言》,郑重地发出了新诗运动的宣誓:"我们信我们的新文艺,正如我们的民族本体,是有一个伟大美丽的将来的。"

《诗镜》一共出了11期,从1926年4月1日首刊至同年6月10日停刊,共刊登新诗84首以及一系列对新诗格律、音韵等的论述,包括徐志摩、闻一多、朱湘、饶孟侃等人的诗文。这些新诗是文艺与音律的结合,是生活的升华,是美的极致。

闻一多在5月的《诗镜》中发表了《诗的格律》一文,提出了著名的诗歌"三美"说,即音乐的(音节)美、绘画的(辞藻)美和建筑的(节的均齐和句的均齐)美,后来,此说成为了新格律诗派的经典理论。

这次轰轰烈烈的新诗运动也在诗坛、文坛上产生了强烈的反响,对当时乃至现在的诗歌文学都有着不可磨灭的印痕。

这些年轻的心唱响了时代的旋律,为诗意的人生插上了翅膀。无论在哪个年代,只要有不甘于现状的心,梦想就永远不会被搁浅。

这一段时间,志摩成了一位任劳任怨的诗歌主持人。他潜心研究诗歌艺术,还要做好报纸的编辑工作。他用心写诗,也用心品诗。诗歌在他的手中成了稀世珍品,宛若一捧玲珑美玉,在光阴的溪涧里愈洗愈剔透。朱自清曾这样评价《诗镜》:

第7章
文坛新秀:升华的灵魂

他们真研究、真实验;每周有诗会,或讨论,或诵读。梁实秋说:"这是第一次一伙人聚集起来诚心诚意的试验作新诗。"虽然只出了十一号,留下的影响却很大——那时候大家都做格律诗,有些从前极不顾形式的,也上起规矩来了。从"方块诗""豆腐干块"等名字,可看出这时期的风气。

在最后一期《诗镌》中,徐志摩发表了《诗刊放假》来说明停刊原因:"一为在暑期内同人离京的多,稿事太不便,一为热心戏剧的几个朋友,急于想借本刊地位……给社会上一个新剧的正确的解释……"

《诗镌》的收尾,也是《剧刊》的开始。

1925年1月,留学美国的余上沅、闻一多、熊佛西、梁实秋等人组织成立了"中华戏剧改进社",倡导新戏剧。他们曾邀请新月社成员加入改进设,还酝酿建立"北京艺术学院"。

一向热爱戏剧的徐志摩,对他们的观点很是赞同。1926年6月17日,《晨报副刊·剧刊》创刊。在创刊号上,徐志摩发表了《剧刊始业》,宣布了《剧刊》的诞生。

志摩的一生,都在艺术的传奇中度过。对戏剧的热爱,与诗歌几可并论。在泰戈尔来华时,他就曾与林徽因出演话剧《齐德拉》,1927年,他与陆小曼合演了《玉堂春》,1928年,又与陆小曼合著了五幕戏《卞昆岗》，发表在《新月》月刊1卷2、3期上。在他的文章中，也多次对戏剧阐述了自己的观点，从理论上探讨了新剧的发展。

闻一多回国后依然保持着对戏剧的浓烈兴趣，他经常与余上沅、赵太侔等朋友探讨关于戏剧的振兴问题，在《诗镌》放了长假后，戏剧的问题自然跳出了水面。他们计划一方面以北京国立艺专戏剧系为基础办起一个剧院，从事戏剧艺术的实践，一方面积极要求借副刊这个阵地来宣传和研究新剧的艺术理论。

这些血气方刚的青年用强大的自信与毅力担起了戏剧振兴的使命，他们引领戏剧走出了旧俗的套路，引入了西方戏剧新鲜的血液，为戏剧艺术的发展谱写了新的篇章。

《剧刊》从1926年6月17日创刊至9月23日终刊，共出版了15期，刊登了理论文章25期，介绍外国戏剧的文章8篇。每一篇，都凝聚着戏剧艺术的精华，他们以渊博的戏剧知识阐释了发展新剧的理念，让更多的人对戏剧艺术有了更为深入的了解，清除了轻视戏剧的传统观念，驳倒了"唱戏是下流"的观点。它在中国戏剧史上占据着重要的位置，对中外话剧的介绍与论述也促进了中国现代话剧的成熟。

让人颇感遗憾与惋惜的是，这件有着重要意义的事情也和《诗镌》一样没能长久坚持下来。秋意转浓时，《剧刊》的主要参与者渐渐离开，徐志摩也要忙于筹备与陆小曼的婚礼，繁忙之中，

第7章
文坛新秀：升华的灵魂

他只好以《剧刊终刊》宣告了《剧刊》的终结。

历尽千辛万苦方抱得美人归的徐志摩，在与陆小曼结婚后辞去了《晨报副刊》主编之职，告别了他一生中最辉煌的事业，在幸福中携美人离京南下了。

第 8 章

隔世隐者：
迷惘的才子

1 神仙宫阙空幻觉

当徐志摩夫妇回到家乡时,在硖石老家的婚房还未竣工,他们只好先在上海安身。1926年12月11日,婚房完工,他们搬回了硖石老家。

硖石的风景依旧,那山,那水,一如旧日的美好,纵然是潮湿寒冷的冬天,也一如既往地不减神韵。

一生爱诗爱景的徐志摩,在硖石这一片世外桃源中开始了他浪漫温馨的隐居生活。这位寻梦已久的诗人,终于可以放下纷纷扰扰的俗务,与心爱之人共享朝晖夕阳。

再不用偷偷摸摸地来往,也不必再担心那些劈头盖脸的谩骂与指责。在熙熙攘攘的人群中,他们可以毫无顾忌地牵手而过,

第8章
隔世隐者：迷惘的才子

从此相依相偎，共吟一首诗，共赏一支曲，三千红尘里，用金灿灿的阳光鉴证他们爱的城堡。

这一切是多么来之不易。多少人因为世俗的阻挠，最终让爱情落得一个悲剧的结局。不管是爱情的愿望，还是事业的愿望，总有人浅尝辄止，遇见一点点的挫折便打了退堂鼓。他们把知难而退当成一种理智，殊不知真正的理智是知难而进，只有不屈不挠地追求过、奋斗过，纵然最终的结局不遂人愿，终其一生方才无怨无悔。

硖石的美，更让徐志摩有种不慕人间的感觉。爱情的小窝成了神仙宫阙，这对甜蜜的恋人共同坠入了甜蜜与喜悦的长河。

然而矛盾是无处不在的。徐申如夫妇一直对陆小曼有很深的成见，纵然是儿子千辛万苦将她娶到了家中，老两口依然无法接受这个儿媳妇。自幼娇惯的陆小曼，一向懒散成性，而且在生活上奢侈成风。她喜欢高档的生活用品，处处奢华考究。

更要命的是，这位酷爱花钱的城市大小姐，还不懂得如何管理生意与钱财。为此，本想将生意交给她的徐申如更加不满。这位与中国传统女性大相径庭的儿媳妇，竟然把宝贝儿子迷得神魂颠倒，徐申如夫妇简直怒不可遏。一怒之下，老两口离开了硖石，投奔北京的干女儿张幼仪去了。

在他们分家的时候，曾经将家产分成三份，徐申如夫妇一份，干女儿张幼仪一份，儿子徐志摩一份。他们这一去，志摩的经济支柱也轰然崩塌，原定的三分之一家产也成了一纸空话。除了对志摩经济上的打击，更有对小曼精神上的打击。

徐志摩深知父亲的倔强，所以他也无法阻拦，只能自己想办法赚钱。陆小曼深知是自己的原因才让公婆负气离家，一时间急火攻心，发了肺病。

在徐志摩的精心照料与开导中，陆小曼渐渐康复起来。没有了二老的束缚，夫妻二人越来越轻松自在起来。硖石彻底成了他们的乐园，曾经梦寐以求的生活，终于成为了现实。

那些幸福的点点滴滴，在志摩的婚后日记《眉轩琐语》中可见一斑。"从苦恼的人生中挣出了头，比做一品官，发百万财，乃至身后上天堂，都来得宝贵。"

然而好景不长，就在他们沉浸于温柔富贵乡中时，北伐军东路军发起了江浙战争，1927年3月，北伐军占领了杭州。兵荒马乱间，志摩夫妇只好离开硖石故土，告别这神仙般的清静悠闲生活，来到灯红酒绿的大上海。

陆小曼身体一直不好，在扶病南逃的日子里本已经渐渐康复的她，病情又出现反复。面对娇弱无力的妻子，志摩一面心疼，一面体贴地给予她无微不至的照料。初到上海的他们在旅馆住了二十多天后，搬到了朋友宋春舫家中。

正所谓坐吃山空，离家避难的日子里，钱成了最大的问题，他们的生活越发拮据起来。饱受战乱之苦的徐志摩，曾一度想带

第8章
隔世隐者:迷惘的才子

小曼去欧洲生活。翡冷翠与康桥的美,时时在他的梦里萦绕,愈是看到身边的苦难,就愈是会思念曾经美好的年华。1927年的新年对于徐志摩来说没有丝毫的喜庆,面对迷茫的生活,他几乎不知该何去何从。

他不喜欢大上海快节奏的生活,不喜欢大城市里糜烂浮华的氛围。他所喜欢的,是纯净无瑕的自然之美,是古典而优雅的宁静,如同一条透明的溪流,在晨曦的怀抱里静谧而欢愉地流淌。

然而陆小曼却恰恰相反,过惯了纸醉金迷的生活,相对于硖石的宁静,她更喜欢上海的热闹。早在北京时,她就是遐迩闻名的交际花,来到繁华的大上海,她更是如鱼得水。很快,在她的身边就集聚了一群志趣相投的朋友,他们经常相约打牌,跳舞,看戏,各种娱乐活动她都乐于参加。

陆小曼的挥霍无度,让徐志摩更加感到经济的紧张。这位醉于浪漫与幻想的诗人,终于被眼前的经济危机拉回了残酷的现实世界。他同时在光华大学、东吴大学、大厦大学三所大学里任教,以解决家庭开支问题。

有了生活来源,他们不用再过寄人篱下的日子了。在1927年的秋天,他们搬到了上海环龙路花园别墅11号。一向挑剔的陆小曼,对于这个新居并不满意,徐志摩只好将家搬到更为奢华的福熙路四明新村居所。唯一让徐志摩略感欣慰的是,小曼的父母也搬过来与他们同住了。

生活的繁忙，冗杂的世俗，让徐志摩的诗情画意都湮灭在了柴米油盐的人间烟火中。曾经的仙客，而今的一家之主，他仿佛从天堂跌入了人间的炼狱。在三所大学之间，总是穿梭着他疲劳的身影，就连挚爱的诗歌创作也被一再搁置。

这一面是志摩辛苦地赚钱养家，然而另一面，却是陆小曼奢靡挥霍的生活。她几乎每天都泡在娱乐场所，捧戏子，打牌，跳舞，去"大西洋"、"一品香"吃大菜。她的活动时间从每一天的下午开始，然后一直持续到子夜。夜晚的大上海对她有着致命的诱惑，纵然身体欠佳，她依然醉心于各种各样的娱乐活动。

除此之外，陆小曼懒于家务，家务琐事就交给雇来的一大堆佣人去做。为了便于出行，又加了一辆长期租用的汽车。这样一个月下来，他们的月开销高达五六百银元（相当于现在的人民币两万左右）。四处兼课的徐志摩，依然无法满足妻子的需要，他只好一面教书，一面赶稿子来赚取稿费。

作息毫无规律的陆小曼，身体状况始终不好。徐志摩忙于赚钱养家，放在小曼身上的时间自然减少，对她的关心也渐渐减少。对于妻子的挥霍无度，徐志摩除了小心地劝诫，便没有丝毫的办法。

生活的苦楚，渐渐冲淡了爱情的甜蜜。曾经唯美如夏花的爱情，在生活面前被迫低了头。多少梦幻，多少诗情，都是以生存为基础的，没有了最基础的生存，所有的美好与梦幻便都成了泡影。

第8章
隔世隐者:迷惘的才子

2 秋雨迷惘情幻灭

路遥知马力,日久见人心。在与陆小曼共同生活了一年后,徐志摩注意到了陆小曼身上很多不为自己喜欢的元素。他们在性格与兴趣上的相悖越来越明显,两人之间的摩擦也越来越多。

志摩所追求的是爱,是自由,是美,是诗一样的生活。那种高贵的理想,是不容亵渎的。然而那理想似乎永远遥不可及,宛如天边皎洁的明月,只可远观而不可亵玩。

正如梁实秋所说,徐志摩将自己的生命和前途都寄托在对"爱"、"自由"、"美"的追求上,而"爱"、"自由"、"美"又由一个美艳的女子来做象征。他的爱永远处于可望而不可即的地步,永远存在于追求的状态中,永远被视为一种极圣洁高贵、极虚无缥缈的东西。一旦接触实际,真与这样一个心爱的美貌女子自由结合，幻想立刻破灭。原来的爱变成了恨，原来的自由变成了束缚。

也许从他们冲破世俗的围墙开始，就已经注定了志摩悲剧性的一生。他在漫无边际的迷茫与怀疑中审视这一路的风风雨雨，那些逐梦的跫音始终在他的耳畔回旋。

蜜月的温存不再，恋爱的胜利却换来婚姻的不如意。生活这潭静水被婚姻砸出了无数飞溅的水花，激起一层层烦恼的涟漪。他在痛苦中自问，难道一个诗人就应颠倒在苦恼中，一天逸豫了就不成呢？然而回答他的，不是知心人的软语温存，而是繁忙冗杂的生活。

他终于感觉到了生活的灵性在泯灭，感觉到了堕落的危机。那种幻灭之感，让他坐立难安，总想尝试着寻回曾经的灵感，然而生活的压迫却让他失掉了亲近自然的机会。

陆小曼在纸醉金迷的生活中身体更加不好。早在19世纪，英国殖民者就用鸦片打开了中国的国门。从此国人饱受其害，许多人因为吸食"福寿膏"而倾家荡产。因为鸦片烟的麻痹作用，也使得一些病患缠身的贵族人借鸦片来麻醉自己病痛的神经。

翁瑞午是陆小曼的朋友，身为世家子弟的他长着瘦长白净的脸，总是穿着长袍与黑缎鞋，会唱京剧，绘画，鉴赏古董等，人也很活络风趣，又兼精明仔细，善解人意。而且还懂得推拿，陆小曼常常因唱戏而发病，经翁瑞午的推拿，总是手到病除。在陆

第8章
隔世隐者：迷惘的才子

小曼众多朋友中，翁瑞午有着比较特殊的地位。在目睹了陆小曼病痛的折磨后，他建议她吸食鸦片。

鸦片的麻痹作用使小曼的病情有了好转。然而，久而久之，她却染上了鸦片瘾。这不仅使一向懒散的她更加懒惰，而且给徐志摩又增加了一大笔开销。徐志摩就算有三头六臂，也满足不了如此庞大的需求。迫于生活，他只好四处借债。

为了演戏定做行头，陆小曼甚至花掉了恩厚之寄给他们赴欧洲学习的费用。陆小曼要求徐志摩和她同台演出《玉堂春·三堂会审》，为了博心爱人一笑，徐志摩也只好答应。

演出虽然很成功，然而在事后却传出了令徐志摩非常尴尬的传闻：社交名媛陆小曼与翁瑞午关系不一般。甚至在几天后的《福尔摩斯小报》上刊出了署名为"屁哲"的下流文章，标题为《伍大姐按摩得腻友》，意在影射陆小曼与翁瑞午之间的关系。徐志摩知道陆小曼与翁瑞午是好朋友，虽然他相信妻子，但面对这样尴尬的传闻，诗人的心受到了巨大的伤害，夫妻间的关系也渐趋紧张。

对于社会上的风言风语，陆小曼并没有放在心上。安于享乐的她依然我行我素，参加夜总会，捧戏子，甚至和翁瑞午同榻吸烟。

在大上海的名流社会中，陆小曼的才名与艳名广为人知，很多人都以一睹其风姿为荣。她爱交际，也爱唱戏。每每有人登门求她帮忙参加募捐赈灾义演，每次必推她为押轴。

她并非不明事理的人,只是多年来养成的性格与癖好,不是说改就能改的。何况,她也不想改,她习惯了这种生活,习惯了被一大群人围着的快乐与骄傲。她深知志摩是浪漫主义诗人,当生活的困扰让爱情趋于平淡,曾经的兴致便一去不还。徐志摩一再要求她不要打牌,不要抽鸦片,就算明白是为她好,她也无法忍受这种束缚。她是爱自由的小鸟,她所向往的是郁郁苍苍的森林,而不是金雕玉琢的笼子。

劝诫无果,徐志摩陷入了深深的失望与懊恼之中。

昔日里满怀希冀的憧憬,被现实的车轮碾成了齑粉。

本想在冬至节独自到一个偏僻的教堂里去听几折圣诞的和歌,但他却穿上了臃肿的袍服上舞台去串演不自在的"腐"戏。他想在霜浓月淡的冬夜独自写几行从性灵深处来的诗句,但他却跟着人们到涂蜡的跳舞厅去艳羡仕女们发金光的鞋袜。

悲观的情调自生活的最深层倾巢而出,曾经的乐天主义在现实面前生生搁浅。当碧叶凋零,四季的转轮又停在了愁云氤氲的秋季。

暨南大学秋野社邀请徐志摩前去演讲,深陷悲观与痛苦中的徐志摩为自己的演讲题目定为《秋声》。

他想起两年前在北京所做过的题为《落叶》的演讲。那时的北京街头,总有大大小小的树叶如同枯萎的金蝴蝶翅膀,打着旋儿飘落下来。在演讲中,他似乎在极力掩饰自己悲观的情调,却

第8章
隔世隐者：迷惘的才子

又总是不小心流露出来。他说，他的受罪取得了认识与价值没有？似是自问，又似对灰色生活的无辜抱怨。

他总是能看到人世的丑恶，世态炎凉让他愤懑而悲伤。他提醒人们要认清时代的病，认对症状后想办法来解决。他还建议人们多多接近自然，因为自然是健全的纯正的影响，那里面有无穷尽性灵的慈善、启发与灵感。

在演讲的最后，他极力鼓舞人们放弃悲观，保持积极的人生态度。

其实那鼓舞，不仅是他给听众的，更是给他自己的。

他的一生，都在追逐自己的梦，从不曾停下脚步。他意识到了自己的萎靡与堕落，曾经的梦想在心底渐渐复燃。他要寻回曾经的灵感，改变这白开水一般乏味平淡的生活。他是热情洋溢的浪漫主义诗人，是永远不会被生活所打倒的。

3 新月复燃缥缈梦

燃烧的战火不仅将徐志摩夫妇逐到了政局相对稳定的上海，更将北京的一大批人也逐到了这个避难的城市。原新月社的许多成员，包括胡适、闻一多、余上沅、梁实秋等先后来到上海。

雄心勃勃的徐志摩看到了这个好机会。他积极联络新老朋友们，共谈文学与诗歌，再续曾经的文艺梦。

在与朋友们谈笑风生的时候，志摩的悲观情调似乎一扫而光了。生活给予他的苦难，在此时都成了一种向上奋发的动力。经过几个月的讨论与酝酿，大家决定以开书店的形式来开辟一个新的阵地，让每一个人都能在文坛上有所作为，再创中国文学的辉煌。

早在北京时，他们就成立了新月社，一方面因泰戈尔《新月

第8章
隔世隐者：迷惘的才子

集》之故，一方面是取新月必满之意。徐志摩的梦想就像天边的新月，他始终在不遗余力地填补皎月的空缺，他相信，新月总有一天会成为一轮明亮的满月。

他们为这个书店取名"新月书店"，虽然与新月社同名，但并没有太大关联，只是大家都舍不得这个名字。

终于看到了生活的希望，满怀雄心壮志的徐志摩在日记中写下了对美好生活的憧憬与对新月的良好祝愿：愿新的希望，跟着新的年产生，愿旧的烦恼跟着旧的年死去。

这是一个续梦，也让志摩迷茫的心找到了归宿。他希望借此来大显身手，做出一些业绩来，不仅是对前一段时间颓废生活的安慰，更是对灵魂空缺的弥补。

新月书店邀集的股本共有2000元，大股100，小股50。参加业务集股的有胡适、徐志摩、梁实秋、余上沅、闻一多、饶子离、张禹九、丁西林等。胡适作为书店董事长，余上沅为经理。

虽然此时新月的领袖是胡适，然而徐志摩才是新月真正的灵魂。他为新月书店的成立东奔西走，可谓劳苦功高。在每一次聚会时，他总能如旋风般横扫四座，让每一个人都情不自禁地活跃起来。

1927年7月1日，新月书店正式开张，地点设在上海华龙路法国公园附近的麦赛而蒂罗路159号。

梦想的花火，在那些印染了书香的日子里再度绽放。新月书店的生意很好，这也让徐志摩等人很是欣慰。他们依然保留着定期聚餐的方式，以此来联络感情，谈论时事与心得。每次聚餐，他们会定一个主题，先由一人主讲，然后由大家围绕主题展开讨论。这是胡适提出来的，也得到了大家的一致赞同。通过这样的方式，他们无论是在文学上还是思想上都有了更多的收获。

渐渐地，大家已经不满足于仅限口头的讨论与演说，他们需要一个更系统的阵地，来影响更多的人。他们希望把各个主题的演说与讨论以文章的形式公诸于世，引起更多人的注意。

梦想总是在成长的，就像一枝诱人的花苞，总是会慢慢展开来，展开来，最终绽放成芬芳绚烂的花朵。

经过商议，大家一致认为应该办一个刊物，来承载那些精华演说与绝妙思想。志摩还提议为刊物取名"新月"，以此来象征梦想必有月圆时之意。大家也都同意这个名字，有着编辑经验的徐志摩自然责无旁贷地担负起《新月》编辑之职务。

1928年3月10日，由徐志摩主编的《新月》月刊问世。

在新月的创刊号上，徐志摩发表了发刊词《"新月"的态度》。这是以志摩为代表的"新月派"的宣言，更是志摩发自肺腑的心声。

面对动荡的局势与黑暗的现实，他提醒世人："如果冬天来了，春天还会远吗？"雪莱的名句里，仿佛蕴藏着巨大的能量，无论是品读，还是吟咏，都令徐志摩心血沸腾。

他与朋友们致力于文坛的复兴，希望能够为着时代的思想增

第8章
隔世隐者:迷惘的才子

加一些体魄,为着时代的生命添一些光辉。

虽然他们遇见了一个荒凉歉收的年头,收成的希望是渺茫的,但他们不会放弃任何努力,纵然带着难酬的壮志走到最后,他们也无怨无悔。

他拿出了否定一切的勇气,慷慨激昂地向世人宣布,生命是一切理想的根源,它那无限而有规律的创造性,是心灵活动的强大灵感。他用梦幻而夸张的语言,来引起更多人的共鸣。

然而诗人的理想往往是脱离实际的,他的发刊词中就体现了这一致命的弱点。志摩心中的理想,总是充满着罗曼蒂克的色彩,那虚无缥缈的梦想,常常不被世人所理解。

每一个诗人,都有着他自己独一无二的宇宙。在这个小小的宇宙中,他们漫无边际地幻想、渴望、沉沦,情感的明灭往往不为人知。没有人知道那个宇宙里究竟浮游着什么事物。

志摩所代表的新月态度很快遭到了文艺界的合力批判。许是早已习惯了他人的指责,徐志摩根本没有因为他人的批评而改变自己的主张,在他的世界里,理想是永恒的追求,没有什么可以阻挡他逐梦的脚步。

《新月》办了将近两年,并一度成为当时的畅销书。在这两年中,新月人凭着他们的智慧与勤奋出版了许多有价值的书籍,包括徐志摩的散文集《巴黎的鳞爪》、《自剖》与诗集《翡冷翠的一夜》,这些也成为研究中国当代文学的宝贵资料。

《新月》的累累硕果中，徐志摩自然功不可没。也许是婚姻所给予了他心性的沉淀，也许是梦想对他不可抗拒的诱惑，《新月》是他所参与编辑时间最长的刊物。

这是一本纯文学的刊物，新月的成员也都致力于文艺上的努力。但是从第二卷第二期起，它也不时刊登一些社会政治与科学等方面的文章，这也符合了新月中一部分人的主张。

新月的疆土在渐渐拓展，所刊登的文章也不再仅限于文学。很多人都对它提出了自己的看法，便不免或多或少的有了矛盾与争执。《新月》的发展方向由原来的文坛生出了许多枝杈，越来越难以把握。基于此，徐志摩在1929年7月编订《新月》2卷5号后，就辞去了编辑职务，将这一重要的任务交给了梁实秋。

辞职后的徐志摩，并没有远离新月。他时常将自己绝妙的诗文交付《新月》，为《新月》的发展继续贡献着自己的力量。

第8章
隔世隐者:迷惘的才子

4 诗情艺心办美展

艺术是心魂的凝聚,是生活本身,也是生活的升华。

志摩一生爱诗,爱艺术,在他的身上,永远不时地闪烁艺术的光华。

20世纪不仅是中国历史转型的世纪,也是中国美术史的转折时期。在这个动荡而变幻万千的年代,原本高雅深奥的美术飞入寻常百姓家,越来越多的人对美术产生了浓厚的兴趣。

随着人们视野的开阔,美术藏品也如同一颗高贵的宝石由贵族们的专宠走入了千家万户。

在中国古代,一些文人雅士经常小聚一室,拿出自己收藏的名人墨宝给大家鉴赏。但这仅局限于很少人之间,很多人在得了宝贝后都会小心珍藏,轻易不会给别人看,除非是非常信任的人,这也导致了一个非常糟糕的现象,就是许多珍贵的名画墨宝总是随着历史的流逝就悄悄退出了人们的视线,给后世留下一个永远的未解之谜。没有人知道那些煊赫一时的珍奇到底去了哪里。

到了民国时期,社会风气渐渐开放,尤其是一大批留学归来的有识之士吸收了西方艺术的特色,他们不仅将中西方绘画的艺术融会贯通,而且在赏画、藏画上也吸收了西方的特色。

起初,他们小规模地会聚一方,展示自己的文墨或者藏品。但渐渐地,他们意识到这样的范围依然很小。为了影响更多的人来了解美术这门高贵的艺术,他们提倡像外国一样建博物馆,开展览。

1929年4月10日至4月30日,国民党教育部在政局相对稳定后在上海举办了"第一届全国美展"。

这是中国历史上首次由政府出面举办并定名为"全国美展"的规模宏大的艺术展览。在展览中,徐志摩参加了筹备工作,并被推举为筹备助理。

徐志摩与杨清馨、陈小蝶等人合编了《美展汇言》,并在该刊上发表了《美展弁言》。他阐述了美术的重要性,并指出西方国家政府对美术的重视程度,以引起中国政府以及各界人士更多的关注。

他为中国艺术有如此发展而兴奋不已。这是第一次全国美术展览会,虽然困难重重,但美展还是按计划正式开幕了。展览会

第8章
隔世隐者:迷惘的才子

总务常务委员有徐悲鸿、王一亭、李毅士、林风眠、刘海粟、江小鹣、徐志摩。

这次美展是由国民政府教育部主办的,也是政府提倡美术的初次正式的表示。

展览规模宏大,吸引了中外近十万人前去参展。场面之壮观,气势之雄伟,在中国美术上如此大规模的展览是前所未有的。

美展上共展出了354件作品,包括写实主义、式样主义、浪漫画派、印象派、后期印象派、未来派等风格分类的西画作品。虽然很多颇具名气的名家名作都在此次展览上露了面,但这些作品多以中国国画为主。陈小蝶在《从美展作品感觉到现代国画画派》中将展出的国画分成了六派:复古派(顾鹤逸、冯超然、吴岱秋、黄晓汀)、新进派(钱瘦铁、郑午昌、张大千、许徽白)、折中派(高剑父、陈树人、何香凝、汤建猷、方人定)、美专派(刘海粟、吕凤子、王显韶)、南画派(金城、萧谦中、齐白石)与文人派(吴湖帆、吴仲熊、陈子清、郑曼青、狄平子)。

除了墨宝,展览中还展出了50件人像与动物的雕塑作品。雕像栩栩如生,表情逼真,让许多前去参展的人叹为观止。

美展在徐志摩等人的精心筹备下取得了圆满的成功。但这成功背后,总还是有那么一些遗憾。

徐悲鸿作为总务常务委员之一,又是当之无愧的中国美坛巨擘。但在思想上,他却深深陷入了排斥西方现代主义的旋涡。因此，无论徐志摩等人如何努力，他始终拒绝将自己的作品参展。他认为现代主义是极其有害的，在与徐志摩的论争中，他写下了一篇题为《惑——致徐志摩公开信》的文章，并于4月22日发表在《美展汇刊》上。

在文章中，徐悲鸿更是语出惊人：

中国有破天荒之全国美术展览会，可云喜事，值得称贺。而最可称贺者，乃在无腮惹纳（Cezanne）、马梯是（Matisse）、薄奈尔（Bonnard）等无耻之作。

他将西方现代艺术的结晶称为"无耻之作"，可见其对现代主义的极度排斥以及对徐志摩等人将现代主义作品引入美展的强烈不满。

徐悲鸿出身贫寒，自幼随父亲学画。曾赴法留学，一心扑在挚爱的绘画艺术上。他曾与康有为为友，康有为的改良主义对他有着很大的影响。从他对现代主义的排斥态度就可见一斑。

面对徐悲鸿的锋芒，徐志摩也毫不示弱，与其据理力争，以一篇《我也"惑"》来"回敬"这位固执的朋友。这就是中国美术史上有名的"两徐之争"。

徐志摩钦佩徐悲鸿的为人，"你的言行的后背，你坚强地抱守着你独有的美与德的准绳"。但这并不能让徐志摩就赞同徐悲鸿

第8章
隔世隐者：迷惘的才子

对美术的观点。在徐志摩眼中，徐悲鸿犹如一尊佛，"危然趺坐你热情的莲座上，指示着一个不可错误的态度。"这貌似赞扬的话，实则是讽刺其顽固的态度。

除了对徐悲鸿正面的批判，他还假借徐悲鸿妻子蒋碧微的口吻说"他是一个书呆！"

蒋碧微是一个性格刚烈的人，经常与徐悲鸿吵架，两个人谁都不肯让步。

诗人的境界不是凡夫俗子所能想象的。两人虽然意见不合，但依然是好朋友。或吵或合，都自有一种乐趣。

1929年，蒋百里被唐生智起兵事件牵连入狱。早在北大读书时，志摩就与蒋百里亲密无间。他是志摩的长辈，更是知心好友。一向重感情的徐志摩得知消息后随即扛上行李奔赴南京陪他坐牢。

后来徐悲鸿曾送徐志摩一幅画，题为《猫》。并题款："志摩多所恋爱，今乃及猫。鄙人写邻家黑白猫与之，而去其爪，自夸其于友道忠也。"徐志摩曾经将心爱的女子当作可爱的猫咪来写，极度表现了对猫的喜爱之情。徐悲鸿之言，一方面称赞了徐志摩的忠义之情，另一方面也小小地嘲讽了一下这个诗人的小虚荣。

第9章 至美诗韵:
一个灵魂的诗者

1 灵魂深处自深探

新月书店除出版《新月》月刊外,还出版了徐志摩的散文集《巴黎的鳞爪》、《自剖》以及诗集《翡冷翠的一夜》。

1927年8月,徐志摩的散文集《巴黎的鳞爪》出版。

巴黎,本身就是一个迷人的字眼。提起巴黎,很多人会想到卢浮宫里那些精美绝伦的艺术名作,会想到赛因河里阳光缱绻的柔波,然而徐志摩并没有从人们所熟知的角度着眼于巴黎,他赞美巴黎的美,温软的巴黎会让人有一种乐不思蜀的感觉。

志摩的视角总是充满着人性的美与善良。他用婉转含情的笔调描述了两个巴黎人的故事,一个是美丽聪慧却跌入爱情悲剧中的女郎,另一个是一名巴黎画家。

第9章
至美诗韵：一个灵魂的诗者

这座浪漫而古典的帝都，让志摩悟出了生活即艺术，艺术即生活的真谛。

紧随散文集《巴黎的鳞爪》之后，徐志摩在1927年9月出了继《志摩的诗》后的第二本诗集《翡冷翠的一夜》。徐志摩说，这是他生活上的又一个较大的波折的留痕。

生活的风风雨雨，让志摩的诗歌大大减产，甚至一再地"向瘦小里耗"。在结识了青年诗人梦家和玮德后，他那颗被生活折磨得奄奄一息的诗心渐渐复苏起来。

只要你还没有沦落到无法意识到自己的错误的地步，你就还有得救，如果意识不到，那就真的无药可救了。

当志摩意识到自己离憧憬的愿望渐行渐远后，他做出了自己最大的努力来挽回。生活中的琐事，工作上的繁忙，志摩曾多次来往于平沪之间。北平的风光却在无意中摇活了他久蛰的性灵，那些鲜活的风景滋养了他干涸已久的心，灵性的光辉在一点点回到他的心房。

那青嫩的树芽，芬芳的野花，车水马龙的大街小巷，熙来攘往的形色人群，劳苦社会的光与影，悲欢的图案，一切的动，一切的静，重复在他的眼前展开，曾经一度黑白的世界似乎恢复了以往艳丽的色彩。

那些唯美的风景里隐藏的博大与精微，似乎在提示他认清方向，不要再走错了路。

徐志摩曾将诗稿给闻一多看，他回信说："这比《志摩的诗》确乎是进步了——一个绝大的进步。"闻一多是徐志摩的挚友，也是他深为钦佩信服的人，他的话让志摩很开心，但一向不满足于现状的他还是谦逊地说："我在诗的'技巧'方面还是那愣生生的，丝毫没有把握。"

徐志摩并没有为自己的成就而沾沾自喜，也许正是因为理想的遥远，他才能始终保持追逐奔跑的姿态。

纵然有繁华三千，也不抵理想的万分之一。《翡冷翠的一夜》里沉淀着他对生活的失望与希望，也沉淀着他对爱情的欢喜与忧伤。

每一首诗，都是诗人的眼泪凝成。那些字字刻骨的诗句，镌刻在历史的文化柱上，多少年风雨的洗礼，让那些字字铄金的诗句走进了五湖四海，千家万户。

1928年1月，散文集《自剖》正式出版发行。徐志摩将这部散文集分成了三辑，第一辑为"自剖辑第一"，包括散文《自剖》、《再剖》、《想飞》等；第二辑为"哀思辑第二"，包括《我的祖母之死》、《悼沈叔薇》、《我的彼得》等；第三辑为"游俄辑第三"包括《开篇》、《自愿的充军》、《离京》、《西伯利亚》、《托尔斯泰》等一系列游俄文章。

他是个好动的人，不论是身体上，还是思想上。他爱看那活泼灵动的事物，爱那清冽的泉水，爱那空中的飞鸟，爱那车窗外

第9章
至美诗韵：一个灵魂的诗者

掣过的田野山水。

然而生活的窘境，却如硫酸般不停地腐蚀着他宝贵的灵感。面对灿烂的阳光，面对婉转的流波，或是岩石上碧绿的藤萝，一切都唤不醒他蒙尘的心灵了。

他不明白，为什么这变迁会来得这样的突兀，这样的深切。

纷飞的战火，让这位爱好和平的诗人深感沉痛。现实与理想之间巨大的落差，让他心痛不已。梦想永远是天边的启明星，照亮了他的人生，却永远无法触及。

在怨毒、猜忌、残杀的空气中，他的神经总是感受到一种不可名状的压迫。他难过着，悲愤着，在梦想三番五次地破灭后，他终于有了身心俱疲的感觉。曾经最爱的大自然，也无法慰藉他伤痕累累的心。看到窗外皎洁的月光，他会莫名地心慌，甚至觉得那分明是在嘲讽他内心的枯窘。

还好，这种浑浑噩噩的状态只是他心灵的表层。当他继续向心灵深处挖掘开去，终于渐渐找到了这痛苦的线索。原来，舒服、健康、幸福，并非帮助或奖励心灵生活的条件，甚至有时候它们会起到相反的效果。

是生活的现状，束缚了他灵性的思维。

人最大的悲剧是设想一个虚无的境界来欺骗自己，一旦骗不到底，他就要忍受"幻灭"的莫大痛苦。这是徐志摩的常态，也是很多人的常态。

那些关于失望的、悲伤的、难过的、痛苦的印记，总是在梦想幻灭的时候如约赴会。当徐志摩终于找到这致命的病源，他大声呼告自己，也呼告世人不要再迷茫了，定下心来珍惜自己的拥有。

那些谱写在历史里的华章，成了千万年风吹不灭的绚烂烛火。跳动的火舌，燃烧着志摩追梦的心，驱赶着志摩奔跑的脚步。他的心始终在那一片用美好与梦幻交织的世界里徜徉，在世俗人无法企及的高度，他吟咏着唯美的诗篇，浅笑依旧。

第9章
至美诗韵:一个灵魂的诗者

2 梦染康桥环球旅

流浪是一种浪漫,尤其是对于一个诗人来讲。海角天涯的风,总是有着一种诱惑,让过惯了平淡生活的人们心驰神往。

志摩的心是一对狂野的翅膀,无论有了怎样的愿望,都会不顾一切地为梦想飞翔。

在与陆小曼的婚姻出现了裂痕后,徐志摩一直很苦恼。他不喜欢上海滩的浮华与聒噪,在他的心中,总是点点滴滴浮现康桥的柔波艳影。那些知心好友也时时让他记挂,年迈的泰戈尔老人更是让他牵挂万分。他希望能够在这位老人的有生之年见他最后一面,以慰藉心底泛滥的牵念。

他曾在给胡适的信中倾诉自己的愿望:

我哪一天不想往外国跑，翡冷翠与康桥最惹我的相思，但事实上的可能性小到我梦都不敢重做。……我又是绝对无意于名利的，所要的只是"草青人远，一流冷涧"。这扰攘日子，说实话，我其实难过。

徐志摩是耐不住平淡与寂寞的。既然有了出国的念想，他就一定要付诸实践。他决定做一个绕地球一周的行程计划，先到日本，然后东渡太平洋至美国，再从大西洋到欧洲，然后经过印度，再回到祖国。

1928年6月15日，志摩在上海黄浦江码头登上了豪华的游轮加拿大皇后号，开始了他精心规划的环球之旅。

这是一次心灵的释放，是一次纯粹的身体与心灵的旅程。没有俗务缠身，虽然是他一个人，但孤独并不代表寂寞。在他的世界里，文字是永远的灵魂的伴侣。

游轮迎风破浪，咸湿的海风唤起熟悉的味道。很快，他到达了日本。虽然已经是第三次来日本，但是秀丽旖旎的风光依然让他怡然陶醉。岛国特有的山水，宛若一壶佳酿，熏醉了他的心，他的感情。

日本人民在大地震后表现出来的勇气与团结，一直让他深深钦佩。此时的东京，已经是一座繁华的帝都。然而转念想到一个月前日本人在中国制造的济南惨案，他又不禁憎恶痛恨。"他们

第9章
至美诗韵:一个灵魂的诗者

的动作,他们的态度,简直没有把我们当'人'看待,且不说国家与主权。以及此外一切体面的字样,这还不是欺人太甚?"

那些鲜血淋漓的画面,狠狠地噬咬着他内心的善良。那种揪心的痛楚,让他对那些惨无人道的刽子手深恶痛绝。再美的风光,也无法冲淡鲜血的印记,怀着一颗愤恨的心,志摩再次踏上旅程。

自在的鸥鸟时而盘旋,时而歌唱。轮船渐渐驶离亚洲,沿着志摩曾经赴美留学的路线继续行进。

细碎的浪花点缀光阴,在袅袅的云烟里绽放昔日的回忆。九年前,在这片汪洋上,他曾经满怀豪情壮志,一心要精忠报国。那时的他,是纯净而天真的。然而九年后,岁月的刻刀让他伤痕累累,曾经那颗璀璨夺目的梦想之星,竟渐渐黯淡下来。阴错阳差的,立志要做中国的汉密尔顿的他成为了多愁善感的诗人。

岁月走过,眉角留痕。

置身于母校哥伦比亚大学校园,志摩感慨万千。这里有他梦想的气息,纵然他厌恶资本主义的贪婪与腐朽,但对哥伦比亚大学的感情却是无法磨灭的。这是知识的母校,也是他精神的母校。在这里,他了解到了辉煌灿烂的西方文明,梦想的花火也自这里熊熊燃起。

沿着当年的路线,徐志摩在离开哥伦比亚后奔赴英伦。就像当年迫切地想要见罗素一样,现在的他依然迫切地想要去温习旧日的友情与朝思夜梦的康桥。

在英国南部德温郡的托特尼斯,他见到了好友恩厚之。恩厚之一直在此地忙于他的农村建设实验工作。他兴奋地带着徐志摩参观了他的累累硕果。看到恩厚之的实验基地的成功,徐志摩激动不已,他决定回国后的第一件事就是要和几个朋友成立一个小组,在江浙等地进行实验研究,实现自己在泰戈尔来华时未能实现的绿色之梦。

恩厚之很支持徐志摩的想法,并答应在经济上给予徐志摩帮助,保证实验的顺利进行。

离开了达廷顿庄园后,志摩在无限的憧憬与怀恋中回到了他日思夜念的康桥。这是他精神的故乡,是他心灵的恋人。曾经多少个暮暮朝朝,旭日晚霞,暮鼓晨钟,康桥陪他度过了所有的开心与难过。

站在熟悉的康河岸边,那流水依然在涌动着金灿灿的阳光,纯净的水流里,仿佛映出昔日的画面。无论是美是丑,是善是恶,是喜是忧,是笑是乐,都在光阴的转轮里磨成了美好的记忆。

当年离开康桥,他本是想第二年就可以挽着心爱人的手回到这里的,没想到造化弄人,再次回到这里已经是六年后,而且曾经那个心心念念的女子已经嫁作他人妇。那是一种怎样的感伤与失落?只有康河的柔波,能慰藉他满心的伤痕。

相见难,别离更难。在无限的依恋与惆怅中,他写下了传世名篇《再别康桥》:

第9章
至美诗韵：一个灵魂的诗者

轻轻的我走了，

正如我轻轻的来；

我轻轻的招手，

作别西天的云彩。

……

曾经炽热的恋情，在熟悉的风景中依然温热。他特意去了沙士顿，在当年经常收取林徽因信笺的杂货铺看望了老房东夫妇。

知心好友是他永远的精神财富。他去看望了罗素，两人彻夜长谈，睿智风趣的罗素一如当年。狄更生得知徐志摩来欧洲，为了能与他见上一面，从巴黎追到了杜伦，然后又追到了马赛，才终于如愿相见。面对这位热情洋溢的知己好友，徐志摩感动不已。

辞别欧洲，徐志摩迫不及待地赶往印度，去见泰戈尔老人。这也是他此次行程中最重要的事情。

泰戈尔依然精神矍铄，幽默风趣。他和一些朋友为徐志摩举行了茶话会，为他接风洗尘。在朋友面前，泰戈尔还声情并茂地朗读了徐志摩的《沙扬娜拉》。这一份深厚真挚的友情，让徐志摩感动万分。

10月10日，是孔子诞辰日，也是徐志摩与陆小曼结婚两周年的纪念日，泰戈尔特意安排徐志摩到国际大学做了演讲，让印度的师生们了解中国的儒学文化，了解孔子的贡献。

徐志摩参观了泰戈尔老人设计的农村建设基地，内设学校、合作社、畜牧厂、手工业作坊等，并配有医疗队、救火队、蓄水池等装备。基地重视提倡音乐、歌舞、戏剧和美术等文化活动，与传统的乡村比可谓面貌一新。

看到泰戈尔实验的成功，徐志摩也不禁雄心勃勃。他希望在祖国干一番事业，把农村建设实验工作做到圆满，让祖国人民脱离水深火热的状态。

辞别泰戈尔后，徐志摩匆匆忙忙赶回了祖国。他的这次环球旅行长达半年之久，在这半年中，他一直不厌其烦地给陆小曼写信，恨不得将自己每一个脚印都誊在信笺上寄给心爱之人。

他知道她的身体不好，时时提醒她"千万保重"，劝诫她改变不良的生活习惯，不要总是沉迷于歌舞烟酒之中。他也在内心里希望她能与翁瑞午划清界限，希望在他不在的日子里，小曼能够悔改。

满怀激动与期待，徐志摩迫不及待地回到家中。然而当他看到陆小曼依然我行我素，不但没有丝毫的改变，反而与翁瑞午的关系更加亲密了。徐志摩挨了当头一棒，那颗炽热的心仿佛被生生割裂。他这才发现，原来自己的远行对于这段婚姻没有任何益处。诗人的感情可以随着距离的遥远越来越浓烈，然而陆小曼不是诗人。

第9章
至美诗韵：一个灵魂的诗者

3 绿色梦想心所向

回到家中后，看到妻子糜烂的生活，徐志摩失望至极。社会上关于陆小曼与翁瑞午的风言风语愈传愈甚，这让他更加尴尬。他的远行，并没有让爱情升温，反而给陆小曼和翁瑞午创造了机会。

深陷在感情纠葛中，徐志摩并没有忘记自己的新生的梦想。

恩厚之很支持徐志摩，并兑现了经济支持的承诺。

徐志摩在北京和天津见到了张彭春和瞿世英，并且将他的关于农村建设实验基地的构想告诉了他们。张彭春对他的构想很是赞成，他心中早就想过在这方面做一些事情，但苦于没有时间。徐志摩的大胆构想，正符合了他的心思。

在江苏和浙江考察过之后，徐志摩决定选择后者为实验基地。

因为他觉得浙江省的人较为淳厚,他们多少仍然保留着一点人性的美丽。他将这归功于钟灵万象的大自然,纯净的自然阻隔了尘世的喧嚣,让他们能够保留淳朴的民风,不为外界所污染。

蛰伏在心灵最深处的梦想开始复燃了,徐志摩终于找到了生活的希望。他憧憬着,希冀着,在那碧绿的原野山间,他仿佛看到一幅恢宏壮丽的蓝图。想到达廷顿恩厚之所建的农村实验基地,他总会热血沸腾。他希望将那和平而温馨的生活模式搬到中国来,净化社会上污浊的空气。

然而诗人的梦想常常成为虚无的空想,这一次,也毫不例外。

心急的徐志摩忽略了中国当时的国情,忽略了中国与英国的不同之处。因为没有得到政府的支持,传统思想根深蒂固的农民们也不理解他的做法,这种缥缈的构想终究落了空。

残酷冰冷的现实,再一次伤透了志摩天真纯净的心。

在3月5日,他不得不致信恩厚之,"建设中国农村基地之事无法实现,因为治安没有保障,绑票、抢劫蔓延全国。"

他羡慕达廷顿的太平生活,那个如梦的地方在他的心底画出了一圈灿烂异常的光明,那是美的化身,是梦想的发源地。

火热的梦想被现实生生击碎后,徐志摩终于意识到了中国国情是问题的根源所在。在恩厚之那里生活的人们,脸上总是泛着真挚与善良的光辉,而在中国,人们之间却相互猜忌,尔虞我诈,钩心斗角。信任被谎言恶毒地吞噬,真爱躲在虚伪的阴霾里暗自

第9章
至美诗韵:一个灵魂的诗者

啜泣。

贫苦的人们,在饥饿与寒冷中饱受压迫与剥削,统治者却无视人民的疾苦,"天平的一头是那些毫无心肝的统治者,另一头是那些默然受苦的民众。"他预言这样的情形一定会导致滔天的灾难。

国家的法律形同虚设,绑票、抢劫屡见不鲜。他厌恶上海的生活,然而却又身不由己,他只能在这里看着那些日复一日的悲剧周而复始地上演。他只能默默承受,因为他无处可逃。生命在这里变得浑浑噩噩,梦想也都随之搁浅。

1929年1月19日,徐志摩的恩师梁启超先生与世长辞。虽然他阻挠过徐志摩的爱情与婚姻,但在志摩心中,他永远是可敬可爱的恩师。梁启超的离世,让徐志摩备感沉痛。

巨大的悲痛也转化成了志摩心中巨大的能量。他积极联络朋友,整理出版关于梁启超的文章书籍,让那些精妙绝伦的言论不至于淹没在烟波浩渺的历史长河中。

这一年对于徐志摩来说是多事之秋,事业上的失败,婚姻上的苦恼,人情冷暖的打击,一切的一切都让他心灰意冷。悲愤痛苦的心在黑暗的现实里生了苔藓,将他那些诗意的灵性死死地封锁起来。

唯一让志摩感到开怀的,是泰戈尔在3月19日到了上海,并和禅达在他家中小住了两天,然后就急急地赶去美国和日本了。在回来的时候,老人又在他家中住了两天,于6月13日回印度去了。

徐志摩为老人的身体状况担忧。美国之行明显让他更加疲弱，无论是身体上还是心灵上。徐志摩说，没有恩厚之在他身边给予身与心两方面的照顾，老人备觉凄寂。

泰戈尔一生勤奋刻苦，纵然老骥伏枥，依然志在千里。他告诉徐志摩，"我要努力工作，我在世日子不多了。我一定要赶快完成我的工作，我发觉自己还有要讲的话，这是值得高兴的；不过，讲话也是一个负担。我必须在未死之先亲身作这次演讲。我的讲题是'神圣的人格'。你会看见我演讲的内容在灵感和智慧两方面都不会是空洞贫乏的。"

恩厚之一直挂念着泰戈尔，徐志摩告诉他，泰戈尔会再见他的，大概在冬天。在喧嚣繁华的大上海，泰戈尔还见了一些老朋友，包括胡适和蒋百里等人。他为梁启超的早逝而备感伤怀，看到中国的现状，他和徐志摩一样深感无奈。

屈辱黑暗的旧社会，让那些纯洁的灵魂在痛苦与失望中徘徊。徐志摩为中国的社会发愁，为人际的冷漠痛心。这病态的世界，到处都布满了灰色的蛛网，人性的光辉在一点点消失殆尽。

4 柔情多感化诗灵

繁花凋零时,碧蓝的天空里有飞鸟振动翅膀的声音。秋风乍起,黄叶纷飞。

1930年的秋天,徐志摩与好友陈梦家相会。他们都是爱诗的人,在骨子里流淌着同样温度的血液。共同的梦想,让他们点燃了共同的希望。

陈梦家和方伟德、方令孺等一批年轻诗人正打算办一个诗刊,在见到徐志摩后,陈将自己的想法告诉了徐志摩。

当时的徐志摩已经辞去《新月》编辑之职,《新月》发展前途也是不可预知的,对于诗歌的梦想,志摩已经不再寄托在《新月》上。对于陈梦家的构思,两个人可谓一拍即合。

志摩想起几年前在北京担任《晨报副刊》编辑时编撰的《诗镌》,当年那么多志同道合的好友,大家齐心协力来谱写诗坛的繁荣盛世。那段辉煌而珍贵的记忆,在他的脑海中反复上演。当年的激情,当年的热血,也再一次敲开了志摩的心扉。

在徐志摩与陈梦家等人的积极努力下,《诗刊》的筹备工作紧张而有序地展开了。

徐志摩兴奋地写信联络朋友们,一面四处约稿,一面也是为《诗刊》的顺利发行做好舆论与宣传工作。另外,他还在《新月》上发表了一个关于《诗刊》的小预告,表达了对诗刊的期待与热情,并真诚欢迎新老朋友们的加入。

编辑经验丰富的徐志摩当仁不让地担起了《诗刊》编辑的职务,书由新月书店来出版。

志摩对《诗刊》满怀信心与希望,看到许多年轻有为的青年诗人对《诗刊》如此热情,为《诗刊》的筹备工作匆忙奔走,他感到很欣慰,同时也对他们报以强烈的希冀与良好祝愿。

1931年3月20日,由徐志摩、陈梦家、方伟德、方令孺等人精心筹划的《诗刊》终于问世了。信心满怀的徐志摩撰写了《诗刊》的序言,他回顾了当年在北京编辑《诗镌》时诗友们的勤奋努力与执着追求,并号召诗界的新老朋友们"再来一次集合的研求",再创诗界的繁荣与辉煌。

他们用年轻的热血,沸腾了新诗的前景。共同的信念与追求,

第9章
至美诗韵：一个灵魂的诗者

让他们走向同一条逐梦的路。虽然他们"知道这前途不是容易与平坦"，但他们还是要开拓进取，迎难而上。

诗歌是生活的升华，是慢慢岁月里最动人的旋律。唯美的诗歌里，你可以听出民族精神的充实或空虚，华贵或卑琐，旺盛或消沉。这种优雅而高贵的艺术，在三千世界里绽放瑰丽的花瓣，让那些苦涩的年月染上了馥郁的芬芳。

梦想、工作与家庭交织着，多少艰难险阻，也阻挡不了志摩执着前行的脚步。他所苦苦抓住的，无论是诗歌，还是家庭，或者事业，他都不会放下。看着那些心爱的事物，无论多少磨难，多少辛苦，他都不会畏惧。此时的志摩，就像一位赢取了江山的王者，拼尽一切力量来守护自己辛辛苦苦创下的基业。

在《诗刊》的发行过程中，他们也曾遭遇到怀疑与批判。面对责难的锋芒，徐志摩以坚定不移的姿态给予了反驳。他向世人宣誓了自己勇往直前的态度，他们要顶住风浪，披荆斩棘，要"往深里走，往不可知的黑暗处走，非得那一天开掘到一泓澄碧的清泉我们决不住手"。

《诗刊》是徐志摩的心血，也是新诗发展的结晶，每个人都对它报以强烈的希冀。然而谁又会想到，在《诗刊》第三期发行以后，徐志摩这位名满天下的大诗人会坠机身亡。《诗刊》的第四期由陈梦家主编，成为《志摩纪念号》。

也许志摩不会想到，他曾经梦想的园地，最后会成为哀悼他的终曲。在第四期发行后，《诗刊》也画下了悲伤的句号。

虽然《诗刊》仅仅发行四期，但是它的影响力量豪不逊色于当年的《诗镌》。可以说，《诗刊》是对《诗镌》的延续与发展，也是新诗发展的又一个里程碑。虽然《诗刊》没有继续发行下去，但是新诗在众多青年诗人的倡导与努力中，依然如火如荼地发展了下去。

后来陈梦家在编辑《新月诗选》的时候，收录了《诗刊》上一大部分诗歌（大约八十多首）。那些灵动的旋律，在岁月的长河中成了永恒。

在1931年8月，徐志摩的第三本诗集《猛虎集》问世，这也是他有生之年的最后一本诗集。

若与早年的志摩相比，成为诗人的他总是让人颇感意外的，金融与诗歌几乎是两个极端。就连徐志摩自己，也觉得再没有比这个更意外的事了。但生命的把戏是不可思议的，"哪件事自己作得了主？"也许真的是命运使然，在他呱呱坠地时起，命运线上的诗络就注定了这个世界上一位伟大诗人的诞生。

在刚刚涉身诗海的时候，他的灵感总是如决堤的洪水滔滔不息。那时的他还没有经历人世的诸多磨难，很多时候只是为赋新词强说愁。然而在他真正经历了人生的苦难、失望、痛苦之后，诗意的灵光却不再似当年那般泛滥。

是生命的沉淀，让他的诗歌成了一坛佳酿，日久弥香。

第9章
至美诗韵:一个灵魂的诗者

他为《猛虎集》作序,以沉静、坚毅而略带悲伤的口吻说:"我只要你们记得有一种天教歌唱的鸟不到呕血不住口,它的歌里有它独自知道的别一个世界的愉快,也有它独自知道的悲哀与伤痛的鲜明。"

志摩就是那只叫作"天教歌唱"的痴鸟,他把他柔软的心窝紧抵着蔷薇的花刺,口里不住地唱着星月的光辉与人类的希望,非到他的心血滴出来把白花染成大红花不住口。

痛苦或快乐,如鱼饮水,冷暖自知。志摩的痛苦与快乐是混成的一片,在一个清澈透明的世界里孤寂缱绻,所有的喜怒哀乐,都化作了诗意的珍珠。

第10章

诗路尘雨:
轻轻的我走了

1 情思未了路难归

1930年的冬季，徐志摩所任教的光华大学爆发了学潮。

光华大学是一所民办学校，办学形式比较自由，学生中既有国民党，又有共产党。国民党当局为了能控制学校，便指使一些特务学生发动学潮。

校方为了主持正义，临时组织了由教职员组成的七人校务执行委员会把闹事的头目开除出校。徐志摩一向喜好和平，对于这场纷争，他的立场鲜明，并被推为校务执行委员之一。

学潮风波刚刚得到平息，上海的国民党当局就跳出来干涉校政了。对此，徐志摩义愤填膺，对国民党的做法极度不满。

上海的生活越发让他厌倦，婚姻的不幸更让他烦恼不堪。借

第10章
诗路尘雨:轻轻的我走了

由学潮风波,他离开了上海,北上至京前往北大任教。

光华学潮平息后,赵家璧曾经邀请志摩回校,但早已厌倦了上海生活的徐志摩没有回去。他早已厌倦了上海滩的浮华与空虚,苦涩的生活里充满了铜臭味。他想要的,只不过是一方净土,一片纯净的蓝天。他要摆脱生活的窘境,给心灵一个释放,向着梦想的方向放恣追逐。

徐志摩喜欢古香古色的北平,并希望能把家也安在这里。然而醉于歌舞场的陆小曼却更喜欢上海。夫妻两人的意见出现了分歧,关系也更加紧张。

他频繁地写信给陆小曼,让她到北平来,但每一次都是无果而终。他暂时住在胡适家中,一面可以和老朋友共谈文艺,一面也节省了一笔住宿的费用。

为了多赚些外快,他还做中间人帮蒋百里出售一所房子,来赚取中介费用。徐志摩在北平拼命赚钱,省吃俭用,而远在上海的陆小曼却日夜笙歌,依然陶醉于纸醉金迷的生活。

老北京特有的古典与文化气息,时时刻刻吸引着志摩灵动的诗性。与陆小曼日渐冰冷的婚姻,也让他对林徽因的感情悄然升温。

她是他一生的执念,这段无果的恋情,是诗之幸,心之劫。

1928年,梁思成与妻子林徽因共同在沈阳东北大学任教。1930年,林徽因因患肺病,回到北平香山疗养。

徐志摩去看望了这位多年来一直无法忘怀的红颜知己,她那憔悴的面容与瘦弱的身躯让他心疼不已。

大约半年的时间，林徽因的身体终于基本康复了。下山那天，徐志摩、沈从文等和梁思成一起去接她，并在北京图书馆办了一桌宴席，来庆祝林徽因的康复。

林徽因问志摩近来的生活状况，窘迫的他却只能用一声叹息来回答。就在几个月前，他的母亲在北京去世，父亲一直不肯接受陆小曼，父子俩的关系仍然紧张。陆小曼沉醉在一片纸醉金迷中，甚至传出丑闻，为了养家糊口，他疲于奔命……

那些糟糕的琐事，他无法对她讲起。

宴席结束的时候，徐志摩和林徽因说，过几天我回上海一趟，如果走前没有时间再来看你，今天就算给你辞行了。

林徽因想起自己在11月19日晚上在协和小礼堂有个讲座，给外国使节讲中国古典建筑艺术。她将这件事告诉了徐志摩，兴奋的志摩立即表示一定会来参加。

志摩要回上海，其实主要目的还是帮蒋百里卖房子，以便赚取中介费用。后来志摩表弟蒋复璁回忆说："其南下真实之原因，因陈小蝶（陈定山）欲购百里叔（蒋百里）在上海国富门路之房屋，志摩想赚点佣金以济家用，诚可怜也！"

在临行前，他去看望了北京几乎所有的好友。到林徽因和梁思成家中的时候，夫妻俩正好不在家。徐志摩便留下一张纸条，离开了。

第10章
诗路尘雨：轻轻的我走了

林徽因回家后看到了志摩的留言，她怔住了，一种不祥的预感笼罩了心头。那纸条上竟赫然写着：

定明早六时飞行，此去存亡不卜……

几个字，看得林徽因心惊肉跳。她立即给徐志摩打电话，责怪他不该说那样不吉利的话。徐志摩却不以为然，让林徽因放心，"很稳当的，我还要留着生命看更伟大的事迹呢，哪能便死。"他却不曾预料，小小纸条上的几个字一语成谶。

11月11日，徐志摩回了上海。

多日未见陆小曼，他的思念早已泛滥成灾。他期待着陆小曼的改变，哪怕只是一点，也可以让他感到欣慰。每次回家，他多么希望可以亲吻或拥抱心爱的她，然而每次，陆小曼总是躺着或坐着，对他态度冷淡，更别提去接他了。

他懊恼又迷惑，何以热烈相恋的两个人，做了夫妻后感情却淡了呢？

兴致勃勃地回到家中，徐志摩却再次被泼了一盆凉水。陆小曼不但没有任何改变，依旧沉迷在堕落的生活里，甚至与翁瑞午走得更近了。

为了能让陆小曼改掉恶习，他还给她带回来许多画册、字帖、宣纸和笔墨等，期望她能和他一样醉于艺术，做一些事情。然而看到陆小曼依旧堕落的状态，他再次心灰意冷了。懊丧的他忍不住与陆小曼大吵了一架，但争吵只能让两个人的心更冷。

气急的陆小曼忍受不了徐志摩的唠叨，拿起烟枪狠狠地朝志摩击去，幸好他连忙躲开，但金丝边眼镜掉在地上，碎了。这一击，击碎的不仅是志摩早已伤痕累累的心，更击碎了两人苦苦垒起的爱情巢穴。

11月17日晚，陆小曼问他准备怎么走。徐志摩不假思索地回答说，坐车。

陆小曼想到他还要去南京看朋友，觉得他在19日怕到不了北平。

徐志摩想到了坐飞机。如果时间实在紧，他就只能选择坐飞机了。何况，当时他身上还有一张航空公司财务主任保君健给他的免费飞机票呢。

在那个年代飞机失事是常事，乘飞机虽然快，但总是有一定危险性的。陆小曼立即劝阻，但徐志摩却不以为意，他喜欢飞，喜欢看着缥缈的云朵飞在身边与脚下的感觉。

你怕我死吗？徐志摩忽然问。

陆小曼没好气地说，怕什么！你死了大不了我做风流寡妇。

18日凌晨，徐志摩匆忙起身，忙乱中他随手抓起一条又短又小的裤子穿上了，连腰间的一个破洞都没有注意到。然后提起随身携带的皮箱子乘车去南京了。

第 10 章
诗路尘雨：轻轻的我走了

在火车上，他想到搭乘张学良的"福特"专机去北平。一下车，他就立即赶往张歆海家。但张歆海夫妇不在家，他便前去硖石同乡何竞武家闲坐。他们家距离机场较近，对于张学良的专机状况比较清楚。在得知徐志摩想搭乘张学良的专机回北平时，他告诉志摩，张学良在北平，他的专机一时还到不了南京。

徐志摩犯难了，若是乘火车，一定不能赶在讲座之前到了。忽然，他想起了保君健送他的免费机票，这样不仅能节省时间，还省了车票钱。他立即决定搭乘这架邮件飞机回北平。

晚上，他又去了张歆海家。张、徐二人一见，立即亲切地拥抱起来。细心的韩湘眉注意到了徐志摩又短又小的裤子，腰间还破着一个洞，看到徐志摩像个陀螺似的转来转去想寻根腰带，大家忍不住哈哈大笑。

临别，徐志摩还像长兄一样在韩湘眉左颊上吻了一下，夫妻俩将他送到门口，目送徐志摩离开。

这一别，竟成了他们的永别。

11 月 19 日上午 8 点之前，徐志摩在匆忙间给林徽因发了电报，告诉她大约三点钟能到北平。

这架由南京飞往北平的"济南号"飞机是一架邮件机，1929年由宁沪航空公司管理处从美国购入。飞机师王贯一，副机师梁壁堂，加上徐志摩，整个飞机上只有他们三个人。

三个人都年仅 36 岁，一路上，他们有说有笑，谈文学，谈诗歌，趣味横生。

  10 点 10 分，飞机降落在徐州机场，徐志摩突然感到头痛欲裂，在机场上他还写了封信给陆小曼，这也是他给陆小曼的最后一封信，再次坐进机舱的徐志摩，却再也没能走出来。

  当飞机飞至党家庄上空时，因为遇到了雨雾天气，飞机师不得不降低飞行高度，来寻找航线。

  突然，在他们面前，出现了一座山。已经来不及调转方向，刹那间，飞机轰然一声，如同一只巨大的火鸟从天而降。

第10章
诗路尘雨：轻轻的我走了

2 满天繁星不见君

11月19日晚，灯光辉映的协和小礼堂座无虚席。林徽因舌灿莲花，以她渊博的学识与动人的容颜征服了在场所有听众。

整整一下午，都没有徐志摩的消息。梁思成派去机场的汽车，在久等志摩不至的情况下只好又开了回去。林徽因心神不宁，想到徐志摩临行前留下的字条，一种不祥的预感如淬毒的阴霾笼上心头。

志摩从来不是失信的人，既然他说了要来，就一定会来的，除非是遇见了什么身不由己的事。

林徽因满怀忐忑回到家中，梁思成告诉他，依然没有徐志摩的消息。他已经打电话给胡适，胡适也很着急。

20日早上，北平《晨报》上刊登了一条惊人的消息：

京平北上机肇祸，昨在济南坠落！

机身全焚，乘客司机均烧死，天雨雾大误触开山。

开山，当地人叫它白马山，位于津浦铁路旁边。

林徽因胆战心惊，她担心失事的飞机就是徐志摩所在的那架。她和梁思成连忙去找胡适，胡适也和他们一样担心，他赶紧去中国航空公司，请他们发电问南京公司，是不是徐志摩搭乘的飞机出了事。

很多人都看到了那条新闻。中午时，张莫若、陈雪屏、孙大雨、钱端升、张慰慈、饶孟侃等人都来到胡适家中打听情况，电话铃声响个不停。

那种焦灼、恐慌的氛围像一团滚烫的火焰，烧得每一个人都沉闷得几乎窒息。

那时间，仿佛凝固成了万年冰山，空气也在岑寂中暗自悲泣。

胡适终于回来了。他沉痛地告诉大家，出事的飞机果然是徐志摩搭乘的"济南号"。

这个消息如同晴天霹雳，虽然大家已经有了潜在的心理准备，但一时还是无法接受这残酷的现实，心里那微弱的侥幸瞬间被击得粉碎。

林徽因大病初愈，身体还没有完全恢复。在听到这一噩耗时，顿时两眼发黑，昏倒在椅子上。

第10章
诗路尘雨：轻轻的我走了

在她耳畔，总是唱着一首祭歌，那是徐志摩的《想飞》：

同时天上那一点子黑的已经迫近在我的头顶，形成了一架鸟形的机器，忽的机沿一侧，一球光直往下注，砰的一声炸响——炸碎了我在飞行中的幻想，青天里平添了几堆破碎的浮云。

志摩，难道你是先知，难道你早就预感到你的幻灭，你就这样悄悄地走了吗？

回答她的，只有如泣的寒风冷雨，在寂寥的天地间淅淅沥沥。

很多报纸报道了徐志摩遇难的消息。当天下午，北平《晨报》又发了号外《诗人徐志摩惨祸》，"京平航空驻济办事所主任朱凤藻，二十早派机械员白相臣赴党家庄开山，将遇难飞机师王贯一、副机师员梁璧堂、乘客徐志摩三人尸体洗净，运至党家庄……"

意气风发的徐志摩，才华横溢的徐志摩，誉满诗坛的徐志摩，信仰感情的徐志摩，喜好和平的徐志摩，就这样轻轻地走了，挥一挥衣袖，不带走一片云彩。

两名机师的尸体烧得焦黑，但徐志摩的尸体因为在飞机后座，肌肤尚好，只有额头上一个大洞，那是致命伤。

从此凡尘的喧嚣，再也惊不醒他的沉寂如风。他静静地躺在那里，工作人员为他换了寿衣，一件蓝色的绸布长袍，上罩一件黑马褂，头上戴了顶黑绸小帽。他的眼睛微微睁开，鼻子略微发肿，门牙已经脱落。

他的心愿，他的追求，他的爱情，他的人生，一切都随着灵魂飞了天。这只呕血的痴鸟，还来不及回望这一路走来的荣辱悲欢，就在从天而降的灾祸中涅槃。

这涅槃，是消逝，也是永生。

11月22日上午，梁思成、金岳霖、张奚若三个人赶到了济南，沈从文、闻一多、梁实秋等人也乘夜车赶到，徐志摩的生前好友们在齐鲁大学会了面，大家都不禁唏嘘。

下午5时，徐志摩的长子徐积锴和张幼仪的哥哥张嘉铸，还有朱经农夫妇也赶到了济南。晚8时半，志摩的灵柩装上了一辆敞篷车，将由徐积锴、张嘉铸等人护送回沪。

梁思成带了一只用铁树叶做主题缀以白花的小花圈，中间镶嵌着志摩的照片。那是林徽因和他流着眼泪编制而成的，每一个细节，都被苦涩沉痛的泪水浸染。

临行前，林徽因再三叮嘱梁思成带一片飞机的残骸回来。她要将这一份刻骨铭心的记忆永生守候，勿忘志摩曾经的一片痴情与这一份纯洁珍贵的友谊。

梁思成理解妻子的心情，在回北平前，他捡起一块飞机上已经烧焦的木板放进了提包里。在后来的岁月中，林徽因一直将其奉为至宝，挂在卧室中央的墙壁上。

曾经的懵懂，曾经的知己相交，那些如风的过往在岁月里点

第10章
诗路尘雨:轻轻的我走了

点点滴滴闪亮,绽放成漫天的繁星。林徽因知道,徐志摩是为了赶去听她的讲座并省点钱才乘坐了"济南号",在无限的自责与哀悼中,她写下了《别丢掉》:

别丢掉,

这一把过往的热情,

……

一样是月明,

一样是隔山灯火,

满天的星,

只是人不见,

……

然而多少思念与悲悼,都再也唤不回生龙活虎的志摩。那个谈笑风生的诗人,从此一去无还。千秋文采,一代传奇,都留于后人评说。

志摩就这样轻轻地走了,将那如夏花般绚烂的人生染尽了浪漫与传奇。那些风花雪月的故事,搁浅了淡淡的流年,在交错的光影中沉淀成一张张泛黄的黑白照片。

志摩的罹难,终于惊醒了沉浸在纸醉金迷生活中的陆小曼。

迟来的悔恨与愧疚,让她无限思念志摩曾经无微不至的关怀与体贴。志摩飞机失事的那天中午,悬挂在家中客堂的一个镶有徐志摩照片的镜框突然掉了下来,相架跌坏,玻璃碎片散落在徐志摩的照片上。陆小曼已经预感到那是不祥之兆,虽然嘴上没说什么,心却跳得厉害。

第二天,果然噩耗传来。悲痛欲绝的她听到丈夫遇难的消息后,立即昏厥。清醒之后,她恸哭不止,并坚持要北上接志摩灵柩回南,最后被大家死命劝住,让志摩的儿子徐积锴前去。

她所承受的悲痛是最大的,而世人对她的批判也最多。很多人认为是因为她迟迟不肯北上才导致了悲剧的发生。在无限的悔恨与痛苦中,她只能默默承受来自四面八方的指责。

在飞机的残骸里,人们找出了一幅山水长卷,那也是志摩在飞机上唯一的遗物,因为放在铁箧中,故物未殉人。这是陆小曼在1931年春创作的,风格清丽,秀润天成。上面有邓以蛰、胡适、杨铨、贺天键、梁鼎铭等人的题跋,志摩一直将其带在身边,奉为至宝。本来,他是想带到北京后请更多的人来题字的。当陆小曼再次看到这幅画,她不禁百感交集,无声啜泣。

那幅画,从此也成了陆小曼的至宝,她像守护生命一般守护着它,也守护着与志摩真挚浓烈的感情。

当徐申如听到儿子遇难的噩耗时顿时老泪纵横。几个月前,他的妻子刚刚去世,而今又白发人送黑发人。他将儿子的墓建在老家硖石,对儿媳陆小曼,他更加不能接受,就连志摩的追悼会

第10章
诗路尘雨：轻轻的我走了

都没让她去参加。

心痛如绞的她只能送去一副挽联，来表达对志摩的情深意笃：

多少前尘成噩梦，五载哀欢，匆匆永诀，天道复奚论，欲死未能因母老；

万千别恨向谁言，一身愁病，渺渺离魂，人间应不久，遗文编就答君心。

在此后的日子里，她素服终身，再不去花天酒地的娱乐场所，生活状态有了大大的改善。她潜心整理徐志摩多年来积攒下来的文字，包括写给她的那些情意缠绵的信笺，写下了情真意切的《哭摩》来纪念徐志摩，先后出版了《眉轩琐语》、《爱眉小札》、《志摩日记》、《徐志摩全集》等书籍，并为在志摩去世后新月书店出版的志摩诗集《云游》等书作序。

在绘画上，她也有了更深的发展，终于成为一代画家。若志摩在天有知，他也该欣慰着微笑了吧！

黄泉碧落，从此永不相见。谁又能说，究竟是诗歌属于志摩的一生，还是志摩的一生属于诗歌呢！

3 朋友眼中的诗者

志摩走了,就像一个仙客,潇洒地随风而去,空留绝世的佳作与人世的凄风苦雨。

在北平,林徽因在北大二院大礼堂为志摩主持了公祭,许多社会贤达与志摩故友纷纷题写挽联、挽诗和祭文。

蔡元培以精湛的笔触高度概括了志摩的一生:

谈话是诗,举动是诗,毕生行径都是诗,诗的意味渗透了,随遇自有乐土。

乘船可死,驱车可死,斗室生卧也可死,死于飞机偶然者,不必视为畏途。

第10章
诗路尘雨：轻轻的我走了

杨杏佛的挽联哀痛而不失凄美：

红妆齐下泪，青鬓早成名，最怜落拓奇才，遗受新诗又不朽；

少别竟千秋，高谈犹昨日，共吊飘零词客，天荒地老独飞还。

……

徐志摩遇难的消息就像一枚炸弹，炸得整个文坛都开了锅。除了凄绝的挽联，大家还纷纷写文纪念，就连曾一度意见不同而文墨相争的人都忍不住致以悼念之词。

他的才华是公认的，不论敌友，都为他的诗才而深深折服。

陆小曼以一篇感人涕下的《哭摩》来祭奠这一场轰轰烈烈的恋情。

"我深信世界上怕没有可以描写得出我现在心中如何悲痛的一支笔，不要说我自己这支轻易也不能动的一支。"这一个晴天霹雳打得她麻木了，哭都哭不出。眼泪在无声中回溯，淹没了每一寸心田，每一寸情感。

每每她稍感不适，志摩总会体贴地嘘寒问暖。而今，无论多少痛楚，她都只能一个人默默承担。她惶惑，"这不是做梦吗？生龙活虎似的你倒先我而去，留着一个病恹恹的我单独与这满是荆棘的前途来奋斗。"

在无边的痛苦中,她多么希望能再见志摩那张纯真可爱的笑脸,否则她几乎不知该要怎样的勇气才能往下走那些寂寞的岁月。

她为自己曾经的任性而悔恨,"你曾慰我,我却无从使你再有安逸的日子。"那些深沉的自责与悔恨,如同嗜血的蚊虫噬咬着她的心。她甚至幻想志摩的灵魂会回来与她相聚,为了让"他"毫无畏惧地回到身边,她常常把身边的人都打发走,然后一个人满怀憧憬地等待"他"的出现。

她在无声的岁月里独自啜泣,声嘶力竭地呼唤着至爱的归来,直到喉咙里溢出殷殷的血渍,她还是没能再见那张熟悉的面容。

在痛苦与绝望中,她想起志摩曾经的谆谆叮嘱。她决心做人,决心做一点认真的事业,"虽然我头顶只见乌云,地下满是黑影,可是我还记得你常说'受苦的人没有悲观的权力'。"她只盼着,在她功德圆满时便让灵魂去追随志摩左右,像一朵水莲花拥扶着他往白云深处去缭绕,决不回头偷看尘间的作为。她盼着他带着悠悠的乐声从一团彩云里脚踏莲花瓣来接她同去永久地相守,过他们理想中的岁月。

陆小曼与徐志摩的这一段恋情,是幸,也是不幸。那些灯光交错的舞台上上演过的戏剧,竟像极了这跌宕起伏的人生。红尘如梦,这一笔蘸尽鲜血的记忆,谁又能解释,究竟是人生如戏,还是戏如人生?

第10章
诗路尘雨:轻轻的我走了

林徽因也同样处在无限的悲痛与自责之中。她是志摩的知己,也是他情感史上终生的遗憾。她在《悼志摩》中回忆了志摩遇难前那张不祥的字条,"定明早六时飞行,此去存亡不卜……"

志摩就这样突然地闯出了人们的世界,沉入永远的静夜。

她想起初得消息的那个下午,许多人沉默相对,无声拭泪。从此再无希望,无论他们做多少痴心的幻想,志摩都已经离开了这个世界,没有音讯,永远地不会回头。

悲痛的眼泪濡湿了衣角,濡湿了哀伤的心。恍惚间,她忆起在英伦的岁月,至今,已是整整十年。

志摩的天真,就像未谙世事的孩子一般。他可以为了看雨后的虹,顶着滂沱大雨跑到桥上傻傻地等着,只因为那完全诗意的信仰。

林徽因说,志摩最动人的特点,是他那不可信的纯净的天真,对他的理想的愚诚,对艺术欣赏的认真,体会情感的切实,全是难能可贵到极点。这一份执着,这一场诗意的人生,在历史的轨迹里绽放出纯净的光芒。

她记得志摩的每一个爱好,记得她不仅仅对诗歌,更对绘画、音乐、戏剧也都有着浓厚的兴趣。她无法相信,这样忠实于"生"的一个人,怎么会这样早地永远地离去另投一个世界,永远地静寂下去,不再透些许声息!

徐志摩的许多生前好友也都一一撰文,表达了沉痛的悼念。

胡适在《追悼志摩》中，以质朴感人的话语将对志摩的深厚感情展现得淋漓尽致。

在他的书桌上，摆放着志摩的九本新旧的书，有诗、文、小说、戏剧。那本崭新的《猛虎集》是在参加完志摩的追悼会后在景山书社买的。而今物在人亡，那种悲戚的感情可想而知。

他只想到古人有"人琴俱亡"的话，别的却不知该说什么。志摩走了，也带走了他横溢的才华，人间又少了一位诗坛才子。从此，再没有人来续写那精妙的诗句，空余几本墨香依旧的书籍。但他对文坛的贡献会永世长存，在历史的功德墙上刻下了永恒而绝美的一笔。

曾经与志摩意见相左而文墨相讥的周作人也不无悲痛地说，中国新诗已有十五六年的历史，可是大家都不大努力，更缺少锲而不舍地继续努力的人，在这中间志摩要算是唯一的忠实同志。

世界的混沌浓郁黑暗，曾经让志摩伤透了心。诗人所特有的纯净的本质，是容不得任何污浊的杂质的。沈从文说，纪念志摩的唯一方法，应当是扩大我们个人的人格，对世界多一分宽容，多一分爱。

在大家纷纷撰文悼念志摩的时候，只有闻一多迟迟没有反应。他的学生臧克家忍不住问他，你是公认的徐志摩的好朋友，为什么没有一点表示呢？闻一多回答说，志摩一生，全是浪漫的故事，这文章，怎么个做法呢？

第10章
诗路尘雨:轻轻的我走了

无论多少深切的悼念,无论多少悲痛的情感,无论多少痴痴的幻想,都唤不回诗人飞去的灵魂。他就这样轻轻地走了,去了另一个世界,放逐西天里梦幻的云彩。

4 一片诗心化清风

　　一代诗魂，就这样归于永寂，给世人留下无数的遗憾与悲嗟的情感。他的音容笑貌，让光阴的流沙沉积成了不朽的化石，那些绝世的诗篇，在灿烂的阳光里化作翩翩起舞的蝴蝶，就连娇俏的触角也在书香墨雨里熠熠生辉。

　　俄顷斯人去，空余墨香还。

　　志摩离开了，但他的名字连同那些纯净的诗篇一起印在了天地之间。

　　他的浪漫不羁，弥漫着整个人生，也深深地感染了整个文坛。他怀着浪漫主义的单纯信仰，真诚地追求心之所向，为着美好与自由全力以赴。

第 10 章
诗路尘雨：轻轻的我走了

然而世态炎凉，人情冷暖，社会的丑恶现状，理想的一再破碎，让他最简单的愿望也难以实现。那颗纯净无瑕的心，与社会的黑暗现实显得那么格格不入。

沈从文评价他的诗歌，"柔软的调子中交织着热情，得到一种近乎神奇的完美。"

字字句句，都是眼泪凝成。是理想之不幸，造就了志摩诗文之幸运。他以饱满的热情向冰冷的世界敞开火热的心扉，虽然一而再、再而三地受伤，他依然执着地相信着希望。直到最后，终于落得伤痕累累。

《志摩的诗》是他在 1922 年 10 月到 1925 年上半年完成的。英伦的岁月，种下了他人生中诗的种子，那里有他诗的起点，更有他诗的巅峰。

这是徐志摩的第一本诗集。诗集问世后，立即引来了强烈的反响，他被誉为文坛上的一颗新星，越来越多的人渐渐熟稔这个名字，爱上了这种浪漫唯美的意境。

那时的他初涉人世不久，虽然经历了感情上的波折，也看到了社会上黑暗的存在，但他还是乐观向上的，对未来充满着强烈的自信与希望，这些炽热的情感，在《志摩的诗》中都有明显的体现。

他曾经将自己想象成一朵飘逸浪漫的雪花，在半空里翩跹起舞：

假如我是一朵雪花，

翩翩的在半空里潇洒，

我一定认清我的方向——

飞扬，飞扬，飞扬，——

这地面上有我的方向。

……

清新的韵律，轻快的节奏，让读者会情不自禁地融入作者虚拟的美好境界。这是志摩心灵的窗口，我们能窥探到他对人生与爱情炙热的期待与希望。

1927年2月，新月书店出版了志摩的第二本诗集《翡冷翠的一夜》。这本诗集是献给陆小曼的，作为他们结婚一周年的礼物。因此，这也是徐、陆二人的热恋情史，是他们感情历程的见证。

爱情是志摩生命的一部分，他用真诚而执着的意念，至死不渝地守卫着心中爱情的城堡。他曾多次在诗歌中表达自己执着的爱情观，为了爱，他可以赴汤蹈火，甚至赴死。

"闭着眼，死在你的胸前，多美！"在他的世界里，为爱赴死是一件浪漫美好的事情。在他的一生中，曾经有过无数的梦想，也许，实现得最为完美的，也就是这一个了。只不过这结局，太过于凄绝，让人忍不住扼腕痛惜。

第10章
诗路尘雨:轻轻的我走了

除了情意缱绻的爱情诗,诗集中也有个别反映社会现状的诗,比如赞美矿工的《庐山石工歌》和讽刺军阀暴行的《大帅》。

所幸的是志摩在遇难前夕整理出版了他的第三本诗集《猛虎集》,收录了1927年至1931年的诗作。

这本诗集有着更高的文学价值,是志摩诗歌成熟的作品。在这本诗集中,我们总能时时刻刻感受到志摩深沉的康桥情结。在经历了无数悲欢离合后,社会惨不忍睹的现状与疲于奔命的劳碌生活让他愈加思念康桥的美好。《再别康桥》是他诗歌上的巅峰之作,那种若隐若现的忧伤与难舍难离的别情在全诗中谱成了千古绝唱。

在志摩去世后,陈梦家整理编辑了他的第四本诗集《云游》,收录了1927年至1931年尚未入集的作品。

《云游》本是徐志摩在1931年写下的一首诗:

那天你翩翩的在空际云游,
自在,轻盈,你本不想停留
在天的那方或地的那角,
你的愉快是无拦阻的逍遥,
……

诗歌节奏明快,优美而丰富的想象贯穿着诗的始终,这也是徐志摩一贯的抒情风格。

与《志摩的诗》、《翡冷翠的一夜》相比，《云游》的感情基调要暗淡一些。世俗的丑恶，梦想的破碎，婚姻的不幸，所有残酷的现实向志摩一一袭来。悲伤与消极的情绪在侵蚀着他的感情，那颗纯净透明的心在一点点地碎裂，连同他美好的愿望与追求。

年年岁岁，冗长的岁月里偶尔弥漫淡淡的桂花香。徐志摩在诗歌上的丰功伟绩，将千秋标榜。那个翩翩江南才子，永远地定格在36岁，任凭花开花谢，雨雪纷飞。

借蕊诗意染，蓊郁沐华年。

此情尚缱绻，泪洒天地间。